資本主義の終焉と
史の危機

水野和夫
Mizuno Kazuo

a pilot of wisdom

はじめに――資本主義が死ぬとき

資本主義の死期が近づいているのではないか。

その理由は本書全体を通じて明らかにしていくつもりですが、端的に言うならば、もはや地球上のどこにもフロンティアが残されていないからです。

資本主義は「中心」と「周辺」から構成され、「周辺」つまり、いわゆるフロンティアを広げることによって「中心」が利潤率を高め、資本の自己増殖を推進していくシステムです。

「アフリカのグローバリゼーション」が叫ばれている現在、地理的な市場拡大は最終局面に入っていると言っていいでしょう。もう地理的なフロンティアは残っていません。

また金融・資本市場を見ても、各国の証券取引所は株式の高速取引化を進め、百万分の一秒、あるいは一億分の一秒で取引ができるようなシステム投資をして競争しています。

このことは、「電子・金融空間」のなかでも、時間を切り刻み、一億分の一秒単位で投資しなければ利潤をあげることができないことを示しているのです。

日本を筆頭にアメリカやユーロ圏でも政策金利はおおむねゼロ、一〇年国債利回りも超低金利となり、いよいよその資本の自己増殖が不可能になってきている。

つまり、「地理的・物的空間（実物投資空間）」からも「電子・金融空間」からも利潤をあげることができなくなってきているのです。資本主義を資本が自己増殖するプロセスであると捉えれば、そのプロセスである資本主義が終わりに近づきつつあることがわかります。

さらにもっと重要な点は、中間層が資本主義を支持する理由がなくなってきていることです。自分を貧困層に落としてしまうかもしれない資本主義を維持しようというインセンティブがもはや生じないのです。こうした現実を直視するならば、資本主義が遠くない将来に終わりを迎えることは、必然的な出来事だとさえ言えるはずです。

資本主義の終わりの始まり。この「歴史の危機」から目をそらし、対症療法にすぎない政策を打ち続ける国は、この先、大きな痛手を負うはずです。

目次

資本主義システムの覇権交替はもう起きない
グローバリゼーションが危機を加速する

第三章　日本の未来をつくる脱成長モデル

第一章　資本主義の延命策でかえって苦しむアメリカ

▼経済成長という信仰

政界にしろ、ビジネス界にしろ、ほとんどの人々は「資本主義が終わる」、あるいは「近代が終わる」などとは夢にも思っていないようです。その証拠に、アメリカをはじめどの先進国も経済成長をいまだ追い求め、企業は利潤を追求し続けています。

近代とは経済的に見れば、成長と同義語です。資本主義は「成長」をもっとも効率的におこなうシステムですが、その環境や基盤を近代国家が整えていったのです。

私が資本主義の終焉《しゅうえん》を指摘することで警鐘を鳴らしたいのは、こうした「成長教」にしがみつき続けることが、かえって大勢の人々を不幸にしてしまい、その結果、近代国家の基盤を危うくさせてしまうからです。

もはや利潤をあげる空間がないところで無理やり利潤を追求すれば、そのしわ寄せは格差や貧困という形をとって弱者に集中します。そして本書を通じて説明するように、現代の弱者は、圧倒的多数の中間層が没落する形となって現れるのです。

このように説明しても、少なからぬ人は「まだ経済成長している国はあるじゃないか」、

「利益をあげ続けている企業もあるじゃないか」と反論をするでしょう。

しかし、それは局所的な現象にすぎません。

たしかに新興国と呼ばれる国々は、このあと二〇年や三〇年は成長を続ける可能性があります。労働力を安く買い叩《たた》くことで利益をあげ続けるグローバルなブラック企業もあるでしょう。

けれども、私がこれから説明しようとすることは、そのような局所的な成長が可能かどうかという議論ではないのです。

資本主義が経てきた歴史的なプロセスをつぶさに検証すれば、成長が止まる時期が「目前」と言っていいほど近くまで迫っていることが明白にわかります。それは、中世封建システムから近代資本主義システムへの転換と同じ意味で、経済システムの大きな転換を迫るものです。

歴史家フェルナン・ブローデルはこの転換期(一四五〇~一六四〇年)を「長い一六世紀」と呼びましたが、私たちは同じような歴史の峠に立っているのです。

現在が、中世から近代への転換期に匹敵する、五〇〇年に一度、ないしは一三世紀に利

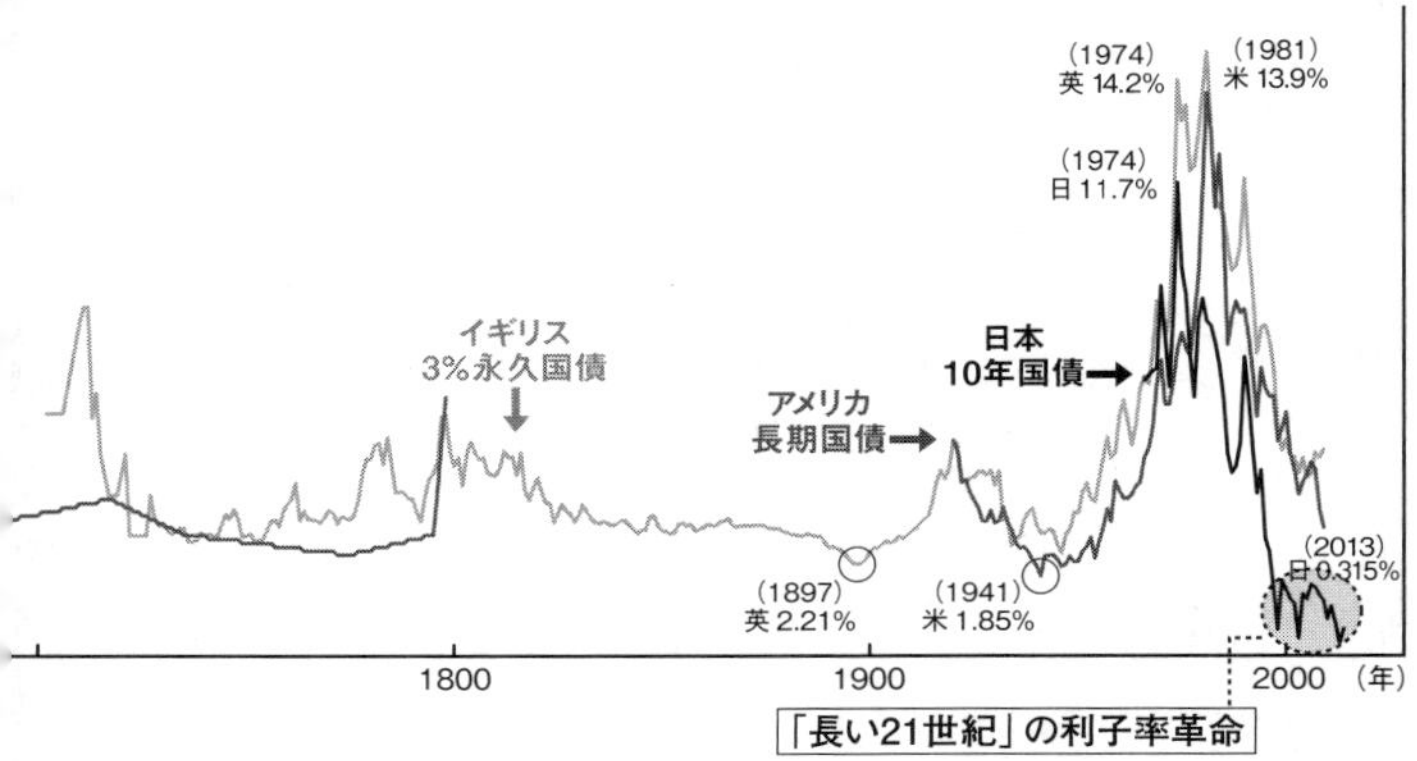

子率がローマ教会によって公認され、資本家が誕生して以来の大転換の時期であること。それを端的に教えてくれるものがあります。

利子率の異様な動きです。

▼利子率の低下は資本主義の死の兆候

昨今の先進各国の国債利回りに着目すると、際立った利子率の低下が目立ちます。

先鞭《せんべん》をつけたのは、この日本です。日本の一〇年国債の利回りは一九九七年に二・〇%を下回り、二〇一四年一月末時点では〇・六二%です。さらにアメリカ、イギリス、ドイツの一〇年国債も金融危機後に二%を下回り、その後、多少の上昇はあっても、短期金利の

図1　経済覇権国の金利の推移

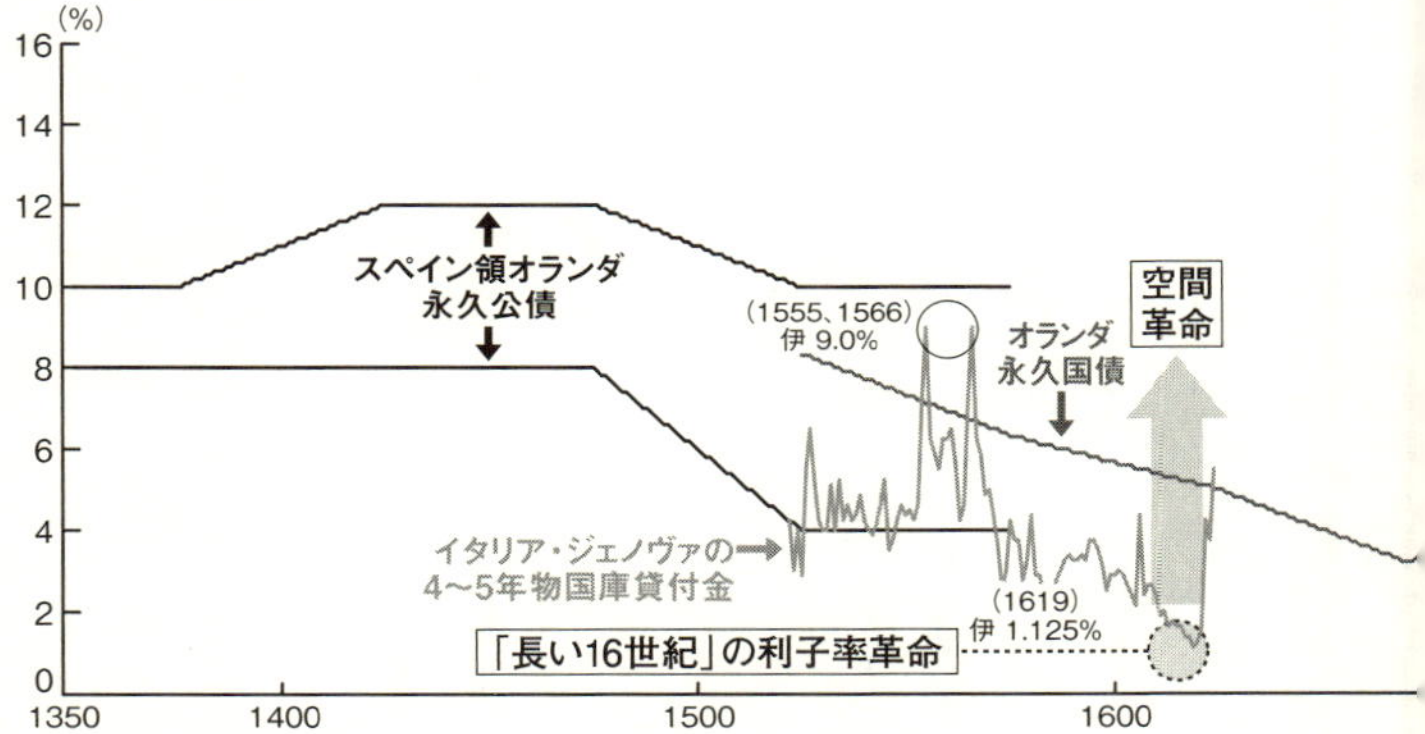

Sidney Homer and Richard Sylla “A History of Interest Rates”、日銀「金融経済統計月報」をもとに作成

世界では事実上ゼロ金利が実現しています。

アメリカをはじめとする現代の先進国の苦悩を考えるときに迂遠《うえん》なようですが、ここで資本主義の歴史を振り返っていきたいと思います。

一九九七年までの歴史のなかで、もっとも国債利回りが低かったのは、一七世紀初頭のイタリア・ジェノヴァです（図1）。

シドニー・ホーマーとリチャード・シラによる『金利の歴史』を紐解くと、紀元前三〇〇〇年のシュメール王国から現在に至るまで五〇〇〇年の世界主要国の金利が掲載されていますが、この本によれば、ジェノヴァでは、金利二％を下回る時代が一一年間続いたのです。

日本の一〇年国債利回りは、四〇〇年ぶりにそのジェノヴァの記録を更新し、二・〇％以下という超低金利が二〇年近く続いています。経済史上、極めて異常な状態に突入しているのです。

なぜ、利子率の低下がそれほどまでに重大事件なのかと言えば、金利はすなわち、資本利潤率とほぼ同じだと言えるからです。資本を投下し、利潤を得て資本を自己増殖させることが資本主義の基本的な性質なのですから、利潤率が極端に低いということは、すでに資本主義が資本主義として機能していないという兆候です。

ジェノヴァをはじめとする一六世紀末から一七世紀初頭のイタリアでもそうでした。ブローデルは著書『地中海』でこの時期について、カルロ・M・チッポラの著書を引きながら、「銀と金は投資の手段を見出すのが困難である。『資本がこれほど安く提供されたのは、ローマ帝国の衰退以来ヨーロッパの歴史において初めてであるが、これは実は並み並みならぬ革命である』」と指摘しています。つまり、投資がすでに隅々まで行き渡ってしまい、「革命」と言えるほどに利子率が低下したのです。

これが「利子率革命」です。

当時のイタリアで金銀があふれる状態だったというのは、スペインの皇帝が南米で銀を掘り出し、スペインの取引先であるイタリアの銀行にそれらの銀が集まってきていたからです。よってイタリアではマネーはだぶついているのに、投資先がない。

同じくブローデルは、フランチェスコ・グイッチャルディーニの『イタリア史』を引きながら、一六世紀のイタリアは山の頂上までワインのためのブドウ畑になっていた、とも指摘しています。ワイン製造業は当時の最先端産業ですから、ブドウ畑を新たにつくるところがないということは、利潤を生み出せるような投資先がもうないということを意味しています。

現代と同じ状況が「長い一六世紀」のあいだに起きていたのです。

▼繰り返される「利子率革命」

利子率＝利潤率が二％を下回れば、資本側が得るものはほぼゼロです。そうした超低金利が一〇年を超えて続くと、既存の経済・社会システムはもはや維持できません。これこそが「利子率革命」が「革命」たるゆえんです。

そして、一六世紀末から一七世紀初頭、つまり「長い一六世紀」後半のジェノヴァがまさにそうした「利子率革命」によって社会の大変動の洗礼を浴びました。

そして現在、先進各国で超低金利の状態が続いていることを、私は「二一世紀の利子率革命」と呼んでいます。繰り返しますが、この「利子率革命」は、利潤を得られる投資機会がもはやなくなったことを意味しています。なぜなら利子率とは、長期的に見れば実物投資の利潤率を表すからです。

資本利潤率というものは、ROA（使用総資本利益率）として把握されます。これは借入コスト（社債利回り、借入金利）とROE（株主資本利益率）の加重平均です。総資本に占める割合は負債のほうが大きいので、結局ROAは国債利回りに連動することになります。

一〇年国債の利子率が二％を下回るということは、資本家が資本投資をして工場やオフィスビルをつくっても、資本家や投資家が満足できるリターンが得られなくなったことを意味するのです。

二〇一三年の日本の一〇年国債利回りは、〇・六〜〇・八％でしたので、さらに資本利潤率は低くなり、信用リスクが顕在化したときにはマイナスになる可能性が高いのです。アメリカ、イギリス、ドイツにしても、せいぜい一～二％の利潤率でしょう。

このような資本利潤率の著しく低い状態の長期化は、企業が経済活動をしていくうえで設備資産を拡大していくことができなくなったということです。利潤率の低下は、裏を返せば、設備投資をしても、十分な利潤を生み出さない設備、つまり「過剰」な設備になってしまうことを意味しています。

この点について、「長い一六世紀」におけるジェノヴァの「山のてっぺんまでブドウ畑」に二一世紀の日本で匹敵するのが「山のてっぺんから地の果てまで行き渡った」ウォシュレット（末村篤、日本経済新聞、二〇一三年二月二四日）です。日本では世界がうらやむような投資が隅々まで行き渡ったと言えます。

▼一九七〇年代前半に大転換が始まった――資本主義の終わりの始まり

では、この異常なまでの利潤率の低下がいつごろから始まったのか。

私はその始まりを一九七四年だと考えています。図2のように、この年、イギリスと日

図2 日米英の10年国債の金利の推移

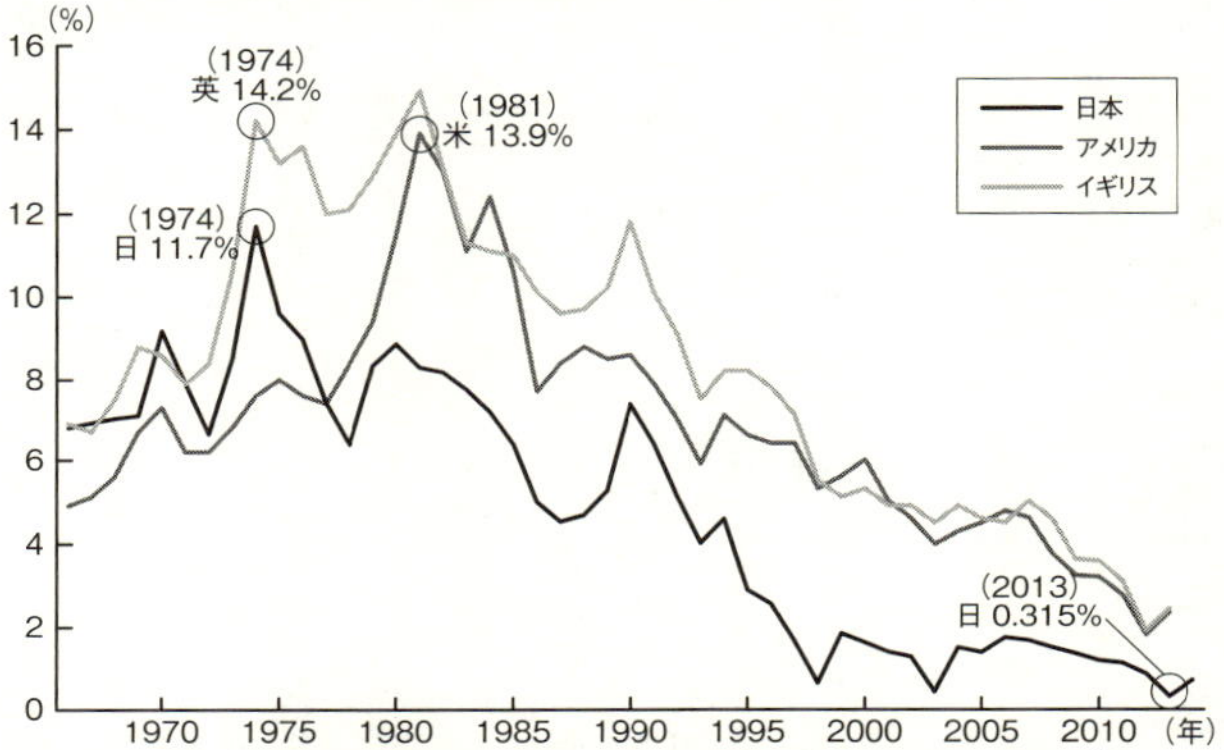

財務省「国債金利情報」、Federal Reserve Bank of St. Louis "Economic Research", Bank of England "Statistical Interactive Database"をもとに作成

本の一〇年国債利回りがピークとなり、一九八一年にはアメリカ一〇年国債利回りがピークをつけました。それ以降、先進国の利子率は趨勢的《すうせいてき》に下落していきます。

一九七〇年代には、一九七三年、七九年のオイル・ショック、そして七五年のヴェトナム戦争終結がありました。

これらの出来事は、「もっと先へ」と「エネルギーコストの不変性」という近代資本主義の大前提のふたつが成立しなくなったことを意味しているのです。

「もっと先へ」を目指すのは空間を拡大するためです。空間を拡大し続けることが、近代資本主義には必須の条件です。アメリカがヴエトナム戦争に勝てなかったことは、「地理的・物的空間」を拡大することが不可能になったことを象徴的に表しています。

そして、イランのホメイニ革命などの資源ナショナリズムの勃興《ぼっこう》とオイル・ショックによって、「エネルギーコストの不変性」も崩れていきました。つまり、先進国がエネルギーや食糧などの資源を安く買い叩くことが七〇年代からは不可能になったのです。

「地理的・物的空間」の拡大もできず、資源も高騰していくのですから、一九七〇年代半ば以降の資本利潤率の低下は当然の結果です。そして、この時期からの利潤率の低下を表現したものが「利子率革命」にほかなりません。

そして、ブローデルの「長い一六世紀」にならって、現代の大転換期を私は「長い二一世紀」と呼んでいます。「長い二一世紀」の始点を一九七〇年代に置くのは、この利潤率の低下が、これまで世界を規定してきた資本主義というシステムの死につながるものだからです。

▼「交易条件」の悪化がもたらした利潤率の低下

次に、アメリカをはじめとする先進国における利潤率の低下を「交易条件」という概念によっても分析してみましょう。

「交易条件」とは、輸出物価指数を輸入物価指数で割った比率で求められるもので、輸出品一単位で何単位の輸入品が買えるかを表す指数です。

日本を例に単純化して説明してみましょう。ある基準年に自動車一台の輸出で一単位の原油輸入が対応しているとして（交易条件指数＝一〇〇）、翌年に原油の輸入価格が二倍に上昇し自動車の輸出価格が不変であれば、交易条件指数は五〇へと半減します。この場合、自動車一台で原油は〇・五単位しか輸入できなくなって、日本の交易条件は悪化したことになります。

つまり、資源を安く手に入れ、効率的に生産した工業製品を高い値段で輸出すれば、高い利潤を得ることができる。逆に、高い値段で資源を手に入れた場合、価格転嫁ができなければ、利益は薄くなります。言い換えれば、交易条件は国民経済をひとつの単位として、

図3　交易条件の推移

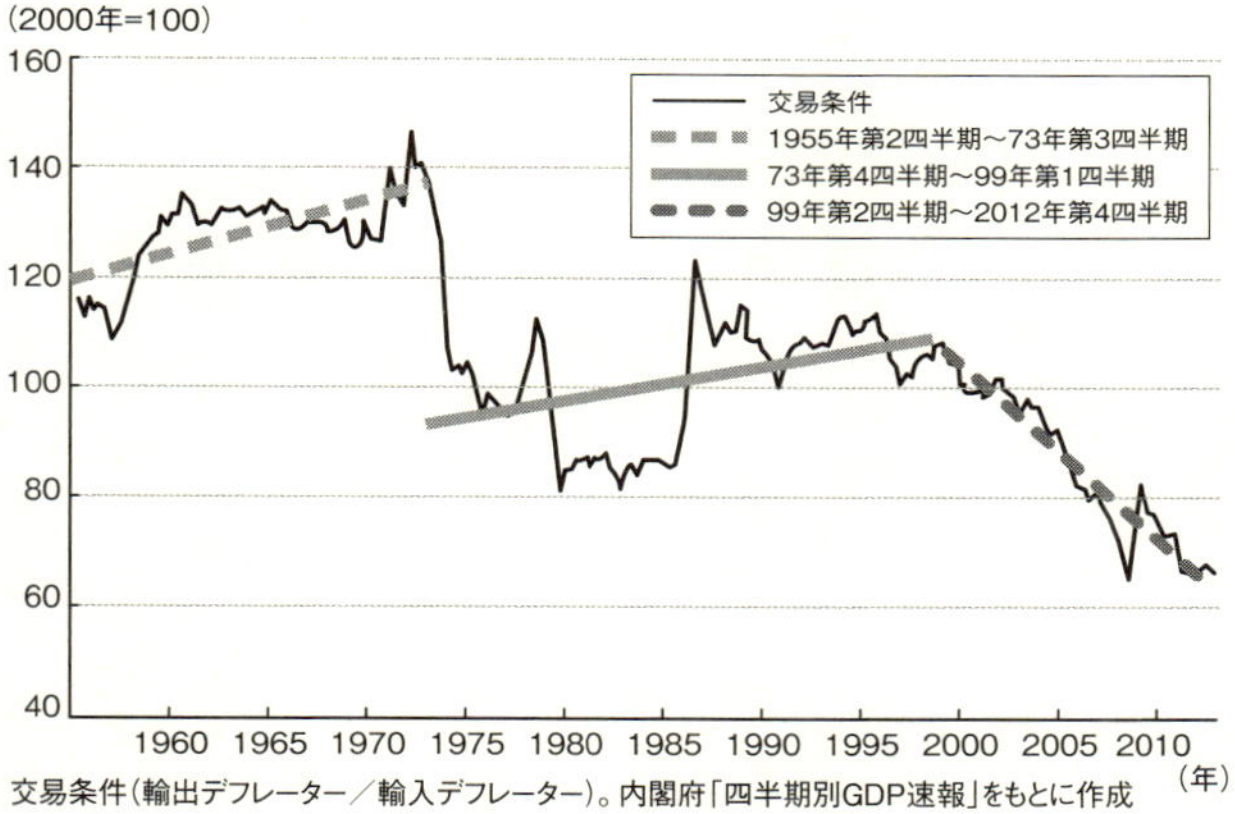

交易条件（輸出デフレーター／輸入デフレーター）。内閣府「四半期別GDP速報」をもとに作成

すなわち日本であれば、「日本株式会社」として見たときに、一製品あたりどれくらいの粗利益を得ているかを表します。

図3は戦後以降の日本の交易条件（＝輸出デフレーター／輸入デフレーター）を表したものです。一九七三年の第一次オイル・ショックまでは交易条件は改善傾向にあったのですが、二度のオイル・ショックで交易条件は大幅に悪化しました。その後一九八〇年代、九〇年代と日本は省エネ技術と合理化で再び交易条件を改善トレンドに変えたのですが、一九九九年以降、資源価格が高騰したことで再度、悪化に転じてしまったのです。

前回の悪化は供給サイドの問題（産油国が

原油の供給をストップ）だったので長期化は避けられたのですが（それでも悪化は一〇年強続きました）、今回は数十億人の新興国の近代化が資源価格高騰の背景にあるので、それだけ交易条件の悪化が長期化することになります。

こうした交易条件の変化をもたらした最大の要因である、原油価格の高騰の過程を具体的に確認してみましょう。

一九七三年の第一次オイル・ショックまでは一バレル二〜三ドルで買えた原油が、一九七四年には一バレル一一・二ドルにまで高騰しました。そこから二〇〇二年末までのおよそ三〇年間は、平均値一バレル二一・四ドルを中心として、一三・六〜二九・二ドルのレンジ（プラスマイナス一倍の標準偏差）で推移します。第二次オイル・ショックや中東での戦争勃発によって供給が止まったときには、一時的に四〇ドル前後まで高騰しましたが、供給が長期にわたって止まることはなく、しばらくすると従来のレンジに回帰していました。

ところが、一九九八年一二月の一バレル一一ドルをボトムとして、原油価格は高騰に転じます。二〇〇三年になると、供給ショックが起きたわけではないのに、原油価格は従来の上限値を超え、二〇〇四年七月には四〇ドルを突破、リーマン・ショック直前の二〇〇八年七月一一日には一時、一バレル一四七ドルにまで達しました。現在も一〇〇ドル前後で、二〇〇二年までのレンジに戻る気配はありません。

こうした原油価格の高騰により、一九七〇年代半ば以降、先進国では投入コストが上昇し、粗利益が圧迫されました。つまり、先進国の「利潤率＝利子率」の趨勢的な下落が始まったのです。

▼アメリカの資本主義延命策――「電子・金融空間」の創造

交易条件が悪化するということは、モノづくりが割に合わなくなったことを意味します。それでも「地理的・物的空間」が拡大してさえいれば、製品一個あたりの粗利益が減少しても販売個数を増やすことで、利益の総額は増やすことができるのですが、ヴェトナム戦争終結によって、アメリカが軍事力を背景として市場を拡大させることは難しくなりました。

つまり、既存の「地理的・物的空間」（＝実物経済）で先進国は高い利潤を得ることができなくなった。まさに中世のイタリアの領主や貴族と同じ事態に直面したのです。

本来ならば、「地理的・物的空間」での利潤低下に直面した一九七〇年代半ばの段階で、先進各国は資本主義に代わる新たなシステムを模索すべきでした。

しかし、アメリカは、近代システムに代わる新たなシステムを構築するのではなく、別の「空間」を生み出すことで資本主義の延命を図りました。すなわち、「電子・金融空間」に利潤のチャンスを見つけ、「金融帝国」化していくという道でした。

「電子・金融空間」とは、ＩＴ（情報技術）と金融自由化が結合してつくられる空間のことを言います。

ＩＴと金融業が結びつくことで、資本は瞬時にして国境を越え、キャピタル・ゲインを稼ぎ出すことができるようになりました。その結果、一九八〇年代半ばから金融業への利益集中が進み、アメリカの利潤と所得を生み出す中心的な場となっていったのです。

アメリカの「電子・金融空間」の元年は一九七一年です。この年、ニクソン・ショックでドルは金と切り離され、ペーパー・マネーになったのです。いかりを外されたドルは自由に目盛りが伸び縮みし、バブルが起きやすくなりました。また、同じ年にインテルが今のＰＣやスマートフォンに不可欠なＣＰＵを開発しました。極端に言えば、地球上の人が

図4　アメリカの金融業の利益シェア（対全産業比）

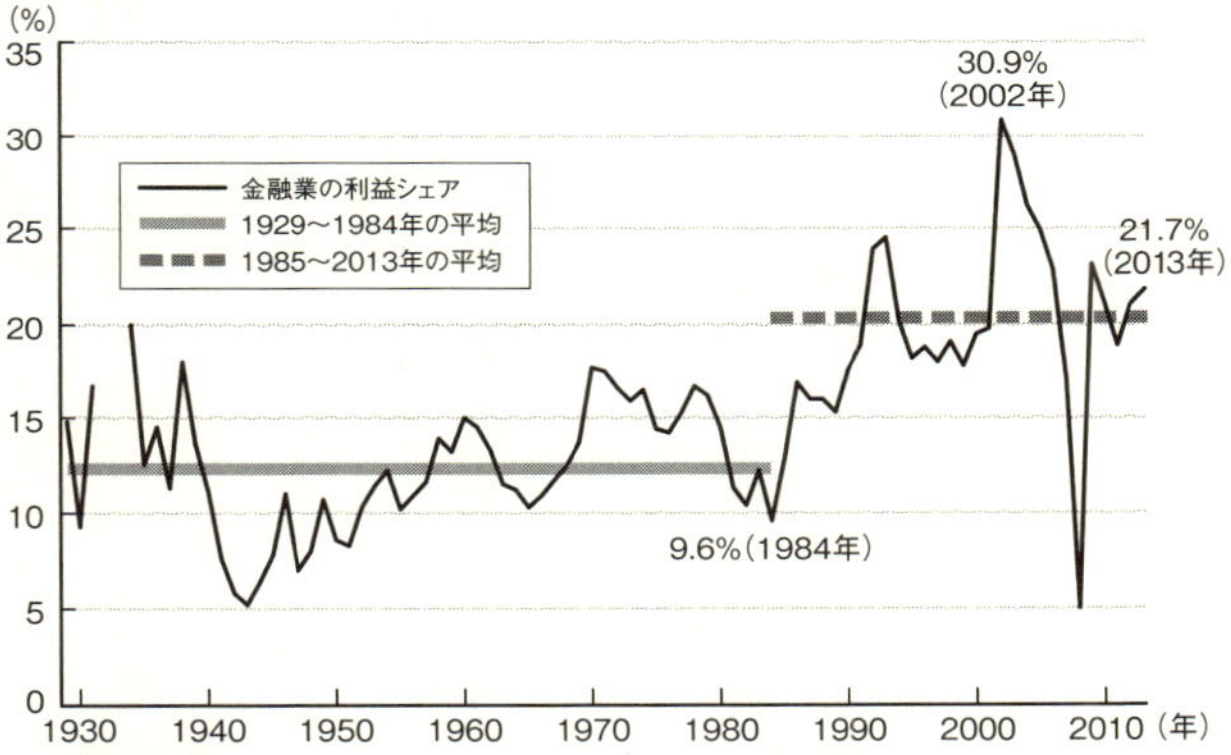

(注)2013年は1〜9月の値
アメリカ商務省"National Income and Product Accounts Tables"をもとに作成

すべて「電子・金融空間」に参加することが可能となったのです。

そして、アメリカの金融帝国化が数字として確認できるようになったのは一九八五年以降です（図4）。この前年は、金融業の全産業利益に占めるシェアは九・六％にすぎませんでしたが、この年以降、上昇基調に転じ、二〇〇二年には三〇・九％にまで達しました。

この金融業のシェア拡大は、金融のグローバリゼーションと軌を一にしています。

アメリカが金融帝国を確固たるものにしたのは一九九五年です。この年、国際資本が国境を自由に越えることが統計的に明らかになり、それ以降、債権の証券化などのさまざまな金融手法を開発することで、世界の余剰マネーを「電子・金融空間」に呼び込み、その過程でＩＴバブルや住宅バブルが起こりました。アメリカは世界中のマネーをウォール街に集中させることで、途方もない金融資産をつくり出したのです。

こうして、原油価格高騰に合わせるように、アメリカ主導の金融自由化が推し進められていったのです。高騰したエネルギーを必要としない「空間」をつくることが利潤を極大化させる唯一の方法だったからです。

▼新自由主義と金融帝国化との結合

しかし、アメリカの金融帝国化は、決して中間層を豊かにすることはなく、むしろ格差拡大を推し進めてきました。この金融市場の拡大を後押ししたのが、新自由主義だったからです。

新自由主義とは、政府よりも市場のほうが正しい資本配分ができるという市場原理主義の考え方であり、アメリカでは一九八〇年代のロナルド・レーガン大統領の経済政策「レーガノミクス」に始まって、民主党政権のクリントン大統領、二一世紀のブッシュ大統領に引き継がれてきました。

資本配分を市場に任せれば、労働分配率を下げ、資本側のリターンを増やしますから、富む者がより富み、貧しい者がより貧しくなっていくのは当然です。これはつまり、中間層のための成長を放棄することにほかなりません。

レーガン政権は新自由主義の政策とともに、ソビエトに対しては軍拡競争を展開します。それが一因となって、一九九一年にはソビエトが崩壊し、計画経済を実施していた東側諸国が資本主義の世界市場に取り込まれ、新たなマーケットが一気に広がりました。

とはいえ、アメリカが「電子・金融空間」をつくり始めた一九八〇年代は、まだ国際資本の完全移動性が実現していませんでしたから、そのときは、大きな利益を獲得することができず、アメリカ経済は激しく落ち込み、経常収支赤字と財政赤字が一気に膨らんでいきました。

しかし、国際資本の移動の自由が確保され、一九九五年に就任したロバート・ルービン財務長官が「強いドル」に政策転換すると、アメリカは経常収支の赤字額を上回る資金を世界中から集めて、それを世界へと再配分していくようになりました。この「マネー集中一括管理システム」により、アメリカは「アメリカ投資銀行株式会社」となり、金融帝国となったのです。

その後、一九九九年に銀行業務と証券業務の兼業を認める金融サービス近代化法を成立させたことで、金融帝国のシステムも完備されました。同法は、一九三三年銀行法（グラス・スティーガル法）以来、原則禁止とされていた銀行業務と証券業務の兼業を認めることで、マネー創出のメカニズムを根本的に変えてしまったのです。

従来、マネーは銀行の信用創造によってつくられていました。それには家計の所得が増加してある程度、貯蓄率が高くならなければならない。しかし、一九七〇年代半ば以降、利潤率は低下し、所得の増加率が鈍化してしまったので、銀行を通じて創造されるマネーは従来のようには増えなくなってしまった。そこでアメリカ政府は、商業銀行の投資銀行化を政策的に後押ししたのです。金融・資本市場を自由化し、資産価格の値上がりによって利潤を極大化するほうが、資本家にとってみればはるかに効率的だからです。

マネーが銀行の信用創造機能によってつくられるときの主役は労働者であり、商業銀行です。家計が消費を我慢して所得のなかからなるべく多くを貯蓄することによって、銀行による多くの貸し出しが可能になるからです。

ところが、金融・資本市場でマネーをつくろうとすれば、主役は商業銀行ではなく、レバレッジを大きくかけられる投資銀行となります。こうして、貯蓄行為をおこなう家計は「地理的・物的空間」から主役の座を降り、その座を「電子・金融空間」において、巨額の資金をボタンひとつで、国境を自由に越えて動かすことができる資本家に譲り渡したのです。

再び図4（二七ページ）に戻りましょう。一九三〇年代から現在までのアメリカの金融産業の利益の推移を見れば、アメリカがどれだけ「電子・金融空間」に依存するようになったのかは一目瞭然《りょうぜん》です。すなわち、アメリカの全産業利益に占める金融業のシェアは、一九二九年から八四年までは平均して一二・三%にすぎませんでした。しかし、一九八五年から二〇一三年では二〇・二%に上昇し、ITバブル崩壊から立ち直って住宅バブルが生じていた二〇〇一～二〇〇七年には二五・四%までを占めるようになりました。「電子・金融空間」で集めたマネーを運用して、アメリカ金融帝国はITバブル、住宅バブルを起こしていったのです。

▼資本主義の構造変化

こうした資本主義の構造変化を模式的に示したものが図5です。

上の部分が東インド会社から始まって一九七〇年代半ばまでの資本主義の構造です。X軸は交易条件で、先ほど説明したように一製品あたりの粗利益を示します。Y軸は市場規模です。X（粗利益）とY（市場規模）を掛け算したものが名目GDPになります。

先進国は、安く買い叩ける地域、高く売れる地域を求めて、常に外側へ外側へと拡大する。「長い一六世紀」からオイル・ショックの前後までは、XとYを改善ないし拡大していけば、名目GDPが増加していくことが保証されていました。

ところが一九七〇年代半ばに、X軸、Y軸両方とも外に拡大していくことが難しくなりました。資源も安く買うことができなくなり、さらに先進国では、少子化が進行し、販売数量の増加率が鈍化しています。日本も含めてG7は一九七〇年代半ばに合計特殊出生率二・一を一斉に下回っていきます。

つまり、国内の市場も増えないうえに、海外の市場もアメリカのヴェトナム戦争終結で

図5　資本主義の構造の変化

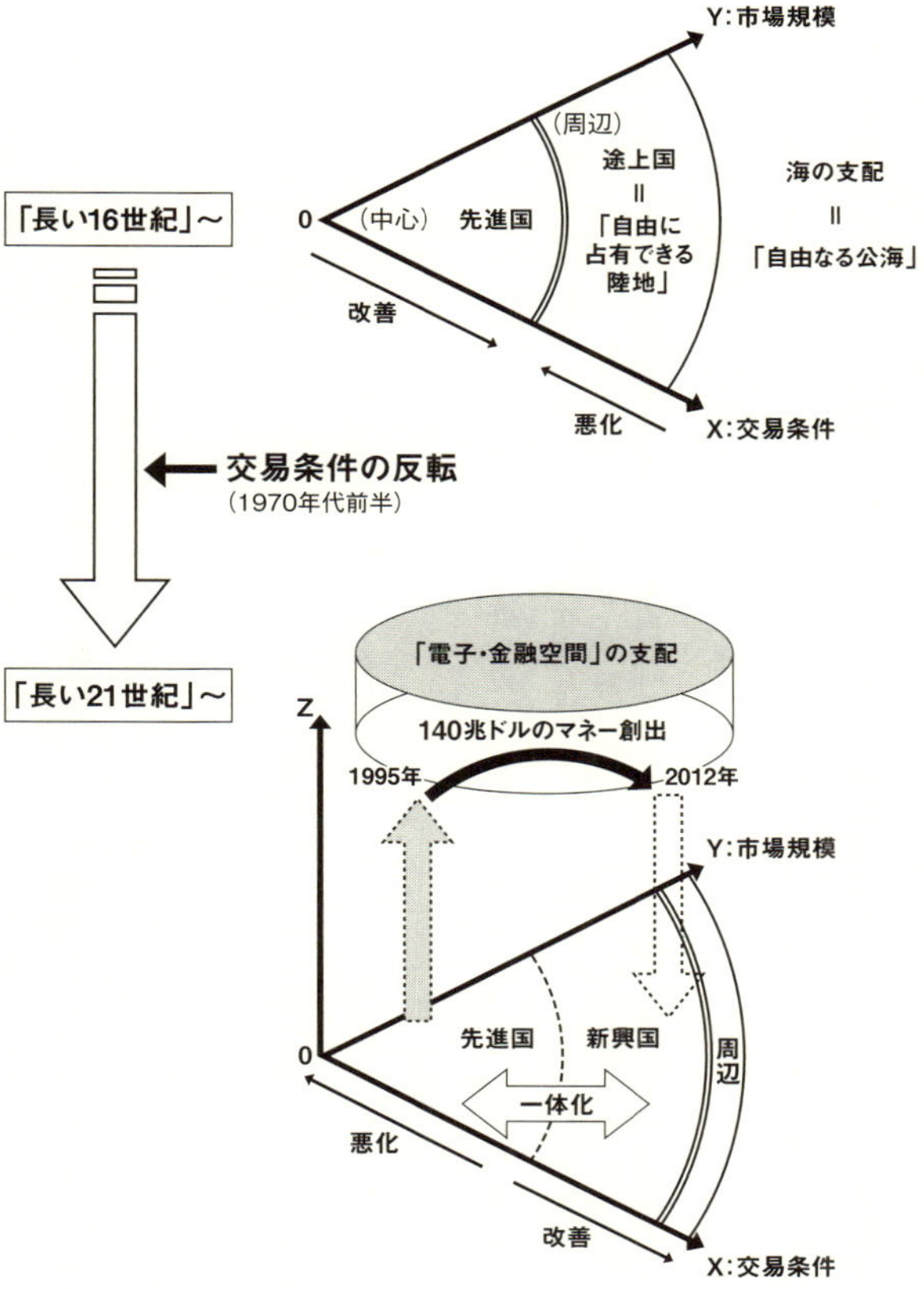

(注)1. 交易条件＝輸出物価/輸入物価…一製品あたりの粗利益(企業利益と雇用者所得の合計)
2. 「自由なる公海」、「自由に占有できる陸地」は、カール・シュミット『大地のノモス』より

拡張が止まりました。

このように、一九七四年以降、X軸とY軸の掛け算で表される「地理的・物的空間」が広がらなくなり、モノづくりやサービスの実物経済で利潤を高めることができないことが明らかになってきました。

そこで、図5の下の部分のように、二次元の平面空間ではなくて三次元に「電子・金融空間」をつくり、レバレッジを高める（Z軸を高める）ことで金融による利潤の極大化を目指していくことが起きたのです。

金融は、グローバリゼーションにも一番なじみます。そして、X－Y平面から矢印が出ている一九九五年というのは、国際資本が国境を自由に越えることが統計的に明らかになった最初の年です。つまり、一九九五年以降、日本やアジアで余っているお金は、アメリカの「電子・金融空間」に簡単に投資できるようになっていきました。

具体的にはインターネット・ブームがまず生じ、インターネット・ブーム（ITバブル）崩壊の負の影響を打ち消すために欧米で住宅ブームが起きました。そのときブームを巻き起こすのにCDS（クレジット・デフォルト・スワップ）など証券化商品が大きな役割を果たしたのです。

その結果、一九九五年からリーマン・ショック前の二〇〇八年の一三年間で、世界の「電子・金融空間」には一〇〇兆ドルものマネーが創出されました。これに回転率を掛ければ、実物経済をはるかに凌駕《りょうが》する額のお金が地球上をところ狭しと駆け巡ったのでした。一九九九年までは商業銀行は自己資本の一二倍までしか投資してはいけないという制約があったのですが、金融サービス近代化法が成立したことでアメリカの商業銀行は子会社を通じて証券業務に参入できるようになり、事実上、無限大に投資できることになっていたのです。

しかし、こうしてでき上がったアメリカ金融帝国も、二〇〇八年に起きた九・一五のリーマン・ショックで崩壊しました。自己資本の四〇倍、六〇倍で投資をしていたら、金融機関がレバレッジの重さで自壊してしまったというのがリーマン・ショックの顛末《てんまつ》です。

そしてリーマン・ショックが誘引となってEUの巨大金融機関はアメリカの大手投資銀行以上に大きな痛手を被り、全地球をカバーしていた「電子・金融空間」も縮小に転じたのです。

▼日本の来た道を繰り返すアメリカ

リーマン・ショックを経た現在のアメリカは、積極財政と超低金利政策で成長を取り戻そうとしたバブル崩壊後の日本と同じ経済構造に直面しています。

実際、リーマン・ショック後にアメリカの長期国債利回りは急低下しました。二〇〇八年一二月にFRB（アメリカ連邦準備制度理事会）は事実上のゼロ金利政策に踏み切り、さらに長期国債買い入れの検討を表明して非伝統的金融政策に舵《かじ》を切ったのです。

その後、一時的に利回りが上昇したこともありましたが、二〇一一年九月に二％を割り込み、二〇一三年五月中旬まで二％割れが続きました。二〇一四年一月末時点では二・七％台ですが、それでも超低金利に変わりありません。

こうしたアメリカの超低金利は一九九七年の日本とよく似ています。

日本の一〇年国債利回りが急低下しはじめたのは、一九九七年五月からでした。同年五月二八日には二・八六五％だったのが、約三ヵ月後の九月一日には一・九八五％と、戦後初めて二％を割り込みました。

アメリカの長期金利が二%を下回っていったプロセスも、一九九〇年代の日本とほぼ同じでした。過剰債務の返済に必要なキャッシュ・フローを生み出すために、企業のリストラが加速し、賃金が下落する。それが経済のデフレ化をもたらしていったのです。

アメリカが日本以上に深刻なのは、リーマン・ショック後、国際資本の移動が縮小し、他国の貯蓄をそれ以前ほど自由に使えなくなっている点にあります（そうは言っても、日本も貿易赤字に転落し、経常収支黒字も大幅に減ってきているので、アメリカの心配をしていられる状況ではなくなりつつあります）。

実物経済の利潤低下がもたらす低成長の尻ぬぐいを「電子・金融空間」の創出によって乗り越えようとしても、結局バブルの生成と崩壊を繰り返すだけです。まさに、クリントン政権時のローレンス・サマーズ財務長官が指摘した「三年に一度バブルは生成し、崩壊する」ようになったのです。

バブルの生成過程で富が上位一%の人に集中し、バブル崩壊の過程で国家が公的資金を注入し、巨大金融機関が救済される一方で、負担はバブル崩壊でリストラにあうなどのかたちで中間層に向けられ、彼らが貧困層に転落することになります。

▼「長い一六世紀」の「空間革命」——「海」を通じた支配の始まり

このように、現代の経済覇権国であるアメリカは、「地理的・物的空間（実物投資空間）」での利潤低下に直面した一九七〇年代半ば以降、金融帝国化へ邁進《まいしん》すると同時に、グローバリゼーションを加速させることによって「電子・金融空間」という新たな空間をつくり、利潤を再び極大化させようとしました。これがアメリカによる資本主義の延命策でした。新しい空間を創造して高い投資機会を見出そうとするグローバリゼーションは、現代の「空間革命」と呼ぶべきものです。

じつは利潤率の低下した「長い一六世紀」にも同じことが起きています。「陸の国」スペインから「海の国」イギリスへと覇権が移ったことを、ドイツの法哲学者カール・シュミットは「空間革命」と呼びました。

当時、スペイン帝国は中世の「中心」で、無敵艦隊を擁していましたが、実質的には「陸の国」でした。地中海は波が穏やかであり、無敵艦隊といっても陸軍兵士を輸送することが主な役割だったからです。その無敵艦隊が一五八八年にイギリス艦隊に敗れたことで、スペイン帝国の凋落《ちょうらく》が決定づけられ、イギリスの時代が始まりました。

海を制したイギリスは、海洋支配をもとに全世界を網にかけていきます。一六〇〇年に東インド会社を設立して、半ば略奪的な行為を重ねながら、資本を蓄積していきました。略奪的な貿易は、相手方が主として「新大陸」だったので海を通じておこなわれることになり、海を支配することで全世界の利益を吸収することができたのです。

いわばイギリスは海という「空間」を創造し、それまでの領土にもとづいた陸のシステムとはまったく異なる新しい貿易のルールを築いたわけです。

空間革命が起きた一六～一七世紀の資本家たちは、中世末期の中心地であるスペイン、イタリアに投資しても、超低金利のために富を蓄積できない状況に陥ったため、投資先をオランダ、イギリスに変えて繁栄していきました。ブローデルの言う「金融資本家の時代」です。こうした変化は、現在の先進国の資本家たちが「地理的・物的空間」では利潤をあげられずに、「電子・金融空間」や新興国市場に投資先を求めるのと非常によく似ています。

この時代に起きたことは、それだけではありません。「長い一六世紀」というのは、中世のイデオロギーや価値観、システムが一新された時代でもありました。神が主役の時代から人間が主役の時代になり、政治・経済システムも中世荘園制・封建制社会から近代資本主義・主権国家へと一変しました。つまり、新たな空間を創造すると同時に、そこでのルールや価値観もすべて変わったのです。だからこそ「革命」と呼べるのでしょう。

▼「長い二一世紀」の「空間革命」の罪

ひるがえって「長い二一世紀」の「空間革命」は、どうでしょうか。

「地理的・物的空間（実物投資空間）」に見切りをつけた先進国の資本家たちは、「電子・金融空間」という新たな空間をつくり、利潤極大化という資本の自己増殖を継続していま す。しかし、「電子・金融空間」で犠牲になっているのが雇用者です。

振り返ってみれば、「地理的・物的空間」で利潤をあげることができた一九七四年までは、資本の自己増殖（利益成長）と雇用者報酬の成長とが軌を一にしていました。資本と雇用者は共存関係にありました。

しかし、グローバリゼーションが加速したことで、雇用者と資本家は切り離され、資本家だけに利益が集中していきます。二一世紀の「空間革命」たるグローバリゼーションの帰結とは、中間層を没落させる成長にほかなりません。

グローバリゼーションをヒト・モノ・カネの国境を自由に越えるプロセスであると捉えている限り、それはグローバリゼーション推進論者や礼賛論者の思うつぼです。

こう定義すれば、「周辺」に置かれている国や地域、あるいはその国の企業が、グローバリゼーションに乗り遅れてはいけない、乗り遅れることは死を意味するなどといった脅迫観念に駆られ、グローバリゼーション政策に邁進することになるのです。金融ビックバンしかり、労働の規制緩和しかり、最近ではＴＰＰ（環太平洋経済連携協定）しかりです。

グローバリゼーションとは、「中心」と「周辺」からなる帝国システム（政治的側面）と資本主義システム（経済的側面）にあって、「中心」と「周辺」を結びつけるイデオロギーにほかなりません。

もっと、直截的《ちよくせつてき》に言えば、グローバリゼーションとは、「中心」と「周辺」の組み替え作業です。

ＢＲＩＣＳ（ブラジル、ロシア、インド、中国、南アフリカ）が台頭する以前の二〇世紀末までは、「中心」＝北の先進国（さらにその中心がワシントンとウォール街）、「周辺」＝南の途上国という位置づけでした。しかし、二一世紀に入ると、北の先進国の「地理的・物的空間」では満足できる利潤が獲得できなくなって、実物投資先を南の途上国に変え、成長軌道に乗せたのです。

資本主義は「周辺」の存在が不可欠なのですから、途上国が成長し、新興国に転じれば、新たな「周辺」をつくる必要があります。それが、アメリカで言えば、サブプライム層であり、日本で言えば、非正規社員であり、ＥＵで言えば、ギリシャやキプロスなのです。二一世紀の新興国の台頭とアメリカのサブプライム・ローン問題、ギリシャ危機、日本の非正規社員化問題はコインの裏と表なのです。

▼「資本のための資本主義」が民主主義を破壊する

こうした国境の内側で格差を広げることも厭《いと》わない「資本のための資本主義」は、民主主義も同時に破壊することになります。民主主義は価値観を同じくする中間層の存在があってはじめて機能するのであり、多くの人の所得が減少する中間層の没落は、民主主義の基盤を破壊することにほかならないからです。

民主主義を機能させるには情報の公開性を原則としなければなりません。中世までは知は神が独占していましたが、近代では個々人が主役となったことで、ある特定の人が情報を独占することは許されなくなりました。国家も情報を独占することは許されないのです。そういった意味でスノーデン事件はおそらく二一世紀の大問題に発展すると思います。

情報は誰のものか、という議論は、中世から近代への移行期だった「長い一六世紀」においてラテン語を独占していたローマ・カトリックと俗語（ドイツ語や英語）でしか情報を伝えられないプロテスタントのたたかいだったのです。結果はもちろん、プロテスタントの勝利に終わったのですが、情報を独占する側が常に敗者となるのが歴史の教訓です。この観点からみてもスノーデン事件が問いかけているのは民主国家の危機なのです。

▼賞味期限切れになった量的緩和政策

民主国家の危機という意味では、リーマン・ショック以降のベン・バーナンキFRB前議長による量的緩和政策も、その文脈で捉えることができます。マネーの膨張は、中間層を置き去りにし、富裕層のみを豊かにするバブルを醸成するものだからです。

そもそも、マネタリスト的な金融政策の有効性は、一九九五年で切れています。

金融緩和の有効性を主張する彼らの言い分は、貨幣数量説に基づくものです。貨幣数量説とは、貨幣の流通速度が長期的には一定のもと「貨幣の数量が物価水準を決定する」という理論で、これを数式で表現すると、Mv＝PTとなります。（Mは貨幣数量、vは貨幣流通速度、Pは物価水準、Tは取引量）。つまり、貨幣数量（M）を増やせば、取引量（T）が増えるか、物価水準（P）が上昇するというものです。

しかし、貨幣流通速度（v）が一定であるという前提が、低金利のもとでは崩れており、アメリカ国内の貨幣流通速度（v）は落ちています。ですから貨幣数量（M）を増やしても、数式の右側に大きな変化は起きないのです。さらに言えば、取引量（T）のなかには、実物経済での取引高だけではなく、金融市場での株や土地の売買取引が多くふくまれています。実際、実物経済の需要が縮小しているアメリカでは株価の上昇があっただけで、ガソリン代、電気代、食糧費をのぞく物価水準に目立った変化はありません。

つまり、グローバリゼーションによって金融経済が全面化してしまった一九九五年以降の世界では、マネー・ストックを増やしても国内の物価上昇につながらないのです。

現在、金融経済の規模は実物経済よりもはるかに膨らんでいて、「電子・金融空間」には余剰マネーがストック・ベースで一四〇兆ドルあり、レバレッジを高めれば、この数倍、数十倍のマネーが「電子・金融空間」を徘徊するのです。対して、実物経済の規模は二〇一三年で七四・二兆ドル（IMF推定）です。

そもそも「地理的・物的空間」がこれ以上広がらないから、利潤率が趨勢的に低下するという底流がある現代において、マネーを増やせばどうなるでしょうか。金融技術でレバレッジをかければ瞬時にして実物投資一〇年間分の利益が得られます。そんな状況では、量的緩和政策によってベース・マネーを増やせば増やすほど、物価ではなく資産価格の上昇、すなわち、バブルをもたらすだけです。

しかも、グローバリゼーションの時代では、このバブルが自国内に起きるかどうかさえわかりません。量的緩和をしたところで、ドルも円も国内にはとどまらないからです。

現に新興国に流れ込んだマネーは、新興国の不安定性を高めることにつながり、第二章でも触れるように、FRBのジャネット・イエレン議長による量的緩和の規模の縮小だけでも、市場は大きく揺れています。量的緩和政策の景気浮揚効果は、グローバリゼーションが進む以前の閉鎖経済を前提とした国民国家経済圏のなかでしか発揮されないのです。

▼オバマの輸出倍増計画は挫折する

超低金利の時代に入ったアメリカは、世界の「成長教」の教祖でいる限り、もはやバブルを繰り返す金融帝国としてしか生き残ることはできません。

おそらく、オバマ大統領が二〇一〇年から掲げてきた輸出倍増計画も挫折に終わるでしょう。

オバマ大統領自身は、「地理的・物的空間」を建て直そうとしているのでしょうが、貿易構造を見ても、貿易赤字は増えていて、製造業復活の兆しは見られません。

すでに二〇世紀前半に、かのシュミットが二〇世紀を「技術の時代」だと特徴づけ、その技術進歩教は魔術と同じだと指摘しています。たしかに二〇世紀に先進国は技術革新によって成長を遂げ、豊かになったのですが、二〇〇八年の九・一五（リーマン・ショック）や二〇一一年の三・一一（東京電力福島第一原発事故）で、金融工学や原子力工学も結局は人類にとって制御できない技術だったことがわかりました。

技術革新で成長するというのは、二一世紀の時代では幻想にすぎないのです。

その一方で、アメリカのサービス収支は黒字が増えています。このサービス収支の黒字を支えているのは、金融収支やライセンス料ですから、現在の貿易構造を見る限り、アメリカにとってはドル安よりもドル高のほうが利潤をあげることができるのです。

だとすると、かつてのルービン財務長官時代のように、強いドル政策のもとで、世界中から資本を集めて新興国に投資をしてリターンを得るしかない。アメリカが製造業で復活をすることは、どだい無理なのです。

グローバリゼーションによって新興国が台頭してきている以上、新興国で消費されるものは新興国で生産せざるをえない。そうでないと新興国の雇用が増えず、また経済のパイが拡大しないとなれば、新興国の政治体制が危うくなるからです。

したがって、先進国が輸出主導で成長するという状況は現代では考えられません。自国通貨安政策によって、輸出を増加できるのは、先進国のパワーで途上国をある程度押さえつけるような仕組み、つまり資源を安く買い叩くことができる交易条件があった一九七〇年代までの話です。

その意味では、オバマ大統領の輸出倍増計画も旧システムの強化策にすぎません。没落していく中間層に対して配慮している点には共感しますが、先進国が直面している構造デフレの根本的な解決にはなりえないのです。

▼近代の延命策としてのシェール革命

では、アメリカにとって明るい兆候として報道されているシェール革命はどうでしょうか。国際エネルギー機関（ＩＥＡ）が二〇一二年一一月に公表した「世界エネルギー見通し２０１２」では、「二〇二〇年ごろまでにアメリカが世界最大の石油生産国になる」と指摘されています。

「利子率革命」とは、先進国の成熟化と新興国の近代化による資源高騰で、先進国の「地理的・物的空間」では利潤率が低下し、それが国債の長期金利として現れることです。では、もし自前で資源を調達できるようになれば、アメリカにとって「利子率革命」は無縁なものになるでしょうか。そしてシェール革命を背景に、世界を支配する覇権国として復権するでしょうか。

結論から言えば、近代という枠組みのなかで、覇権国としての寿命が多少は延びるかもしれません。もちろんその間、これまで外から買っていた石油を自国で調達できるのですから、名目GDPは増加するでしょう。

しかし、それはたかだか一〇〇年程度の延命策にすぎません。

私にとっては、アメリカのシェール革命も一六～一七世紀スペイン帝国の中央集権化政策と変わらないように思えるのです。

それはどういうことかと言うと、結局、シェール革命も成長イデオロギーのもとであれば、いずれ限界を迎えます。成長とは「より遠くへ、より速く」行動することで達成できるのですが、そのためにはエネルギーの消費が不可欠です。もっと成長を欲することは、資源をもっと消費することにほかなりません。永久エネルギーを見つけない限り、化石燃料は必ず枯渇することになります。枯渇する以前に、たとえ自前でエネルギーを調達できたとしても、新興国は自国で雇用を生むために現地生産を求めますから、輸出倍増はかなわない。

では、アメリカ国内の内需をさらに拡大させることで、アメリカの国民経済を立て直すことは可能でしょうか。

それも困難な道のりです。なぜなら、グローバリゼーションのもとで、金融帝国化したアメリカは、シェール革命すらも金融商品化していくからです。

アメリカは、資源ナショナリズムによって奪われた石油価格の主導権を取り返すために、一九八三年に石油先物を取引するWTI（ウエスト・テキサス・インターミディエイト）市場をつくりました。先物市場をつくるということは、石油を金融商品化するということです。このようにして、OPEC（石油輸出国機構）の言うとおりの値段ではなく、セブン・メジャーズ（欧米の大手石油会社七社。現在の石油メジャー四社）の都合のいい値段で売り買いをできるようにしたわけです。

ですから、シェール・ガスもまた金融商品として「電子・金融空間」のなかに組み込まれていくことはまちがいありません。そして、「電子・金融空間」のなかで資本が増殖することで、もたらされるのはバブルの生成と崩壊であり、その結果引き起こされるのが過剰債務と賃金低下です。

中東を代表とする現在の石油産出国のなかで、民主主義的な社会を運営している国は皆無です。多額のマネーが流れているはずなのに、その恩恵を受けているのは王侯貴族などごく一部の人間だけです。

それを考えれば、シェール革命が国民全体に富をもたらすという確証はどこにもありません。それどころか、市場原理主義を金科玉条とする新自由主義と結びつくのであれば、今より過酷な格差社会をアメリカにもたらす可能性すらあるのです。

▼バブル多発と「反近代」の二一世紀

これまでバブルが崩壊するたびに、世界経済は大混乱に陥ってきました。しかし、バブルが崩壊して起こることは、皮肉なことに、さらなる「成長信仰」の強化です。巨大バブルの後始末は、金融システム危機を伴うので、公的資金が投入され、そのツケは広く一般国民に及びます。つまり、バブルの崩壊は需要を急激に収縮させ、その結果、企業は解雇や賃下げなど大リストラを断行せざるをえないのです。まさに、「富者と銀行には国家社会主義で臨むが、中間層と貧者には新自由主義で臨む」（ウルリッヒ・ベック『ユーロ消滅？』）ことになっていて、ダブル・スタンダードがまかり通っているのです。

バブル崩壊は結局、バブル期に伸びた成長分を打ち消す信用収縮をもたらします。その信用収縮を回復させるために、再び「成長」を目指して金融緩和や財政出動といった政策を総動員する。つまり、過剰な金融緩和と財政出動をおこない、そのマネーがまた投機マネーとなってバブルを引き起こす。先進国の国内市場や海外市場はもはや飽和状態に達しているため、資産や金融でバブルを起こすことでしか成長できなくなったということです。こうして、バブルの生成と崩壊が繰り返されていくのです。

バーナンキFRB前議長が述べたように、「犬の尻尾（金融経済）が頭（実物経済）を振り回す」時代です。そして、サマーズ元財務長官の言葉を繰り返せば、「バブルは三年に一度生成し、弾ける」というわけです。

そして今また、欧米でも日本でも同じようなバブルの生成と破裂が繰り返されようとしています。

私にはこうした動向は、脱成長の時代に逆行する悪あがきのようにしか思えないのです。松宮秀治が、テオドール・アドルノを引用して指摘するように、「近代自らが反近代をつくる」といったことが今、目の前で起き始めています（『ミュージアムの思想』）。

二〇〇一年の九・一一（アメリカ同時多発テロ）、二〇〇八年の九・一五（リーマン・ショック）、そして二〇一一年の三・一一（東京電力福島第一原発事故）はまさに近代を強化しようとして、反近代、すなわちデフレ、経済の収縮を引き起こした象徴だと言えます。

第二章　新興国の近代化がもたらすパラドックス

▼先進国の利潤率低下が新興国に何をもたらしたのか

第一章で見てきたように、一九七四年以降、実物経済において先進国が高い利潤を得ることができるフロンティアはほとんど消滅してしまいました。「地理的・物的空間」の拡大は困難になり、資源を輸入して工業製品を輸出する先進国の交易条件が悪化し、「地理的・物的空間」に投資をしてもそれに見合うだけのリターンを得ることができなくなった。つまり、ある一定期間（たとえば工場であれば一〇年、店舗であれば三〇年）資本を投下し、投下した分以上に利潤を得ていくという資本主義のシステム自体が限界に突き当たったのです。

そのことを端的に示すのが、資本の利潤率とほぼ一致する長期利子率（一〇年ものなどの長期国債の利回り）の低下です。そして現在、日本とドイツは、一七世紀初頭のイタリア・ジェノヴァ以来の超低金利時代、すなわち二一世紀の「利子率革命」を経験しています。

しかし、一九七四年あたりに資本主義が壁にぶち当たったと言っても、資本は、利潤率の低下を甘受したわけではありません。

そして、利潤率の低下に耐え切れなくなった先進国、とくにアメリカが目論んだのが、新たな利益を得られる「空間」を創造することでした。本来は一九七〇年代に「終焉の始まり」を迎えたはずの資本主義を、アメリカは「電子・金融空間」を創設することによって、その後、三十数年にわたって「延命」させてきたのです。

このように新しい空間で再び投資機会を見出すことが「空間革命」のひとつの大きな意義であり、その動きは、とくに一九九〇年代以降、顕著になっていきました。

同時に、先進国の資本主義が創出した「電子・金融空間」は、もうひとつの市場を生み出すことになります。

それがＢＲＩＣＳに代表される「新興国市場」です。つまり、「電子・金融空間」を無限に拡張することで新しいマネーを創出し、そのうえで新興国の近代化を促すことによって、新たな投資機会を生み出そうと目論んだわけです。

この章では、この新興国で何が起きているのかを通して、資本主義とグローバリゼーションの限界を考えていきたいと思います。

▼先進国の過剰マネーと新興国の過剰設備

新たな投資機会をねらうアメリカの思惑通り、ＢＲＩＣＳ諸国は二〇〇〇年代に入って急成長を遂げました。しかし、現在、その経済成長率に陰りが見えてきています。

たとえば、あの成長著しかった中国です。中国の二〇一二年の実質国内総生産（ＧＤＰ）の伸び率は、七・七％にとどまって一三年ぶりに八％を割り込み、翌二〇一三年も七・六％だと推定されています。二〇一〇年に七・五％の成長率を誇ったブラジルでも、二〇一一年の経済成長率は二・七％、二〇一二年に至っては〇・九％まで下がってしまいました。二〇一三年も二・五％成長と低い伸びが見込まれています。

リーマン・ショック以前は、約一〇％の成長を遂げていたインドも、二〇一二年は三・二％、二〇一三年も三・八％にとどまり、そのうえ成長率を超える二桁のインフレ率に苦しんでいます（いずれもIMF, World Economic Outlook Database October 2013）。

こうした数値が示す新興国の成長の鈍化は一時的なもので、再び、力強い成長を取り戻すことはできるのだろうか――。世界経済全体が混迷するなか、新興国の成長に望みを託す人々にとって、そのような問いは切実なものでしょう。

この単純な問いに答えるならば、新興国の成長の足踏みの原因は新興国の成長モデルが輸出主導にあるという点に求めることができます。先進国の株式市場は回復したかのように見えても、実物経済はリーマン・ショック後の後遺症からいまだ立ち直っておらず、消費は冷え込んだままです。正確に言えば、先進国の消費ブームは二度と戻ってきません。

リーマン・ショックは先進国が「地理的・物的空間」では成長できないがゆえに「電子・金融空間」で無理な膨張（高レバレッジやCDSなどの欠陥金融派生商品）をさせた結果、それが破裂して起きたのです。先進国の「電子・金融空間」の膨張が先進国の雇用につながり、消費ブームが起きて初めて新興国の輸出が増えるのですが、この連鎖は一回限りで終わってしまいました。先進国の「電子・金融空間」がリーマン・ショックで弾けたとき、先進国の家計が大きな打撃を被ってしまったからです。

そもそも、グローバリゼーションとは、「中心」と「周辺」の組み替え作業なのであって、ヒト・モノ・カネが国境を自由に越え世界全体を繁栄に導くなどといった表層的な言説に惑わされてはいけないのです。二〇世紀までの「中心」は「北」（先進国）であり、「周辺」

は「南」（途上国）でしたが、二一世紀に入って、「中心」はウォール街となり、「周辺」は自国民、具体的にはサブプライム層になるという組み替えがおこなわれました。中間層が没落した先進国で、消費ブームが戻ってくるはずがありません。

こう考えれば、リーマン・ショック、欧州危機（ユーロ・ソブリン危機）という大きなショックの影響を受けた現在、新興国が以前の成長の速度を取り戻すことはできないことがわかります。

経済危機の後も、先進国の過剰マネーは新興国の過剰設備を積み上げてきましたが、新興国の過剰設備には、過剰な購買力を有した先進国の消費者の存在が不可欠です。先進国の国民が「周辺」となり、消費ブームが二度と起こらない以上、新興国の輸出主導モデルに持続性はありません。

現在の課題は、先進国の過剰マネーと新興国の過剰設備をどう解消するか、なのです。この問題の困難さは、このふたつの過剰の是正が信用収縮と失業を生み出すことにあります。時間をかけるしかないのです。そしてこの間、先進国ではゼロ金利、ゼロ成長、ゼロインフレが続くことになります。

▼新興国の成長が招く資本主義の臨界点

新興国の成長を考える際に、本質的に問うべきことは、この成長が続くかどうか、という点ではありません。仮に新興国の成長が続いたとして、それが世界経済全体にとって、さらには資本主義にとって何をもたらすのか、という点です。

各国の当事者たちにとっては、もちろん成長は歓迎すべきことでしょう。おそらく、今後一〇年のうちに新興国の成長が完全にストップしたり、各国の近代化が頓挫《とんざ》したりするということはないはずです。

しかしながら、地球全体を見たときに、このことをそう単純に喜ぶことはできません。むしろ、危惧すべきことなのです。新興国の成長が続くということは、無限の膨張を「善」としてきた資本主義システムが「限界」に向かって、さらにスピードをあげていくことにほかならないからです。

二〇〇八年以降に、アメリカ、ＥＵ、そして日本がおこなった金融緩和の影響もあり、行き場を失った余剰マネーが莫大に存在します。そして、その余剰マネーが、今まで以上に大量に新興国に流れ込むようになりました。

先進国の量的緩和は「電子・金融空間」を無限に拡張するための手段だと考えることができます。その量的緩和をいつやめるのかが議論され、緩和の「縮小」だけでも市場は大きく揺れていますが、本当は量的緩和に「完全な出口」はないのです。

なぜなら、量的緩和は「電子・金融空間」を自壊寸前まで膨張させるものであり、緩和を縮小すればバブルが崩壊します。そうなれば、量的緩和を以前に増して強化せざるをえないからです。

では、膨大な資金の流れ込んだ新興国の成長は、いつか止まるのでしょうか。これは言い換えれば、資本主義の最終地点を見極めることでもあります。

そのことを考えるうえで参照すべきなのが、ブローデルの言う、「長い一六世紀」（一四五〇～一六四〇年）に起きた「価格革命」です。これとほぼ同じ現象が、同じメカニズムで、この「長い二一世紀」（一九七〇年～）にも起きているからです。私たちは二一世紀の「価格革命」のさなかにいるのです。

▼「長い一六世紀」のグローバリゼーションと「価格革命」

「価格革命」とは、供給に制約のある資源や食糧の価格が、従来の枠組みで説明できないような非連続的な高騰をすることで、通常のインフレとは異質のものです。

通常のインフレはある一定の空間内で需給逼迫《ひっぱく》によって引き起こされる現象です。一方、「価格革命」は異なる価格体系をもっていた空間と空間が統合し、均質化する過程で起こる現象です。

そして、「革命」的な価格水準の変化が起きる商品とは、空間が統合される前に「周辺」だった地域が供給していたモノです。「長い一六世紀」の「価格革命」では、「周辺」の東欧諸国が、「中心」のローマに供給する穀物の価格が急騰しました。後述する「長い二一世紀」の「価格革命」では、原油などの資源価格が高騰しています。

まずは「長い一六世紀」での価格変動の様子を見てみましょう。イギリスの消費者物価の歴史的推移を示したのが図6です。

一四七七年から物価は上昇局面に入り、一六五〇年まで物価が一〇・五倍にも急騰したのがわかります。一四五〇～一六四〇年の「長い一六世紀」とほぼ重なる同じ期間に名目

図6 「長い16世紀」の「価格革命」(英国の消費者物価の推移と実質賃金)

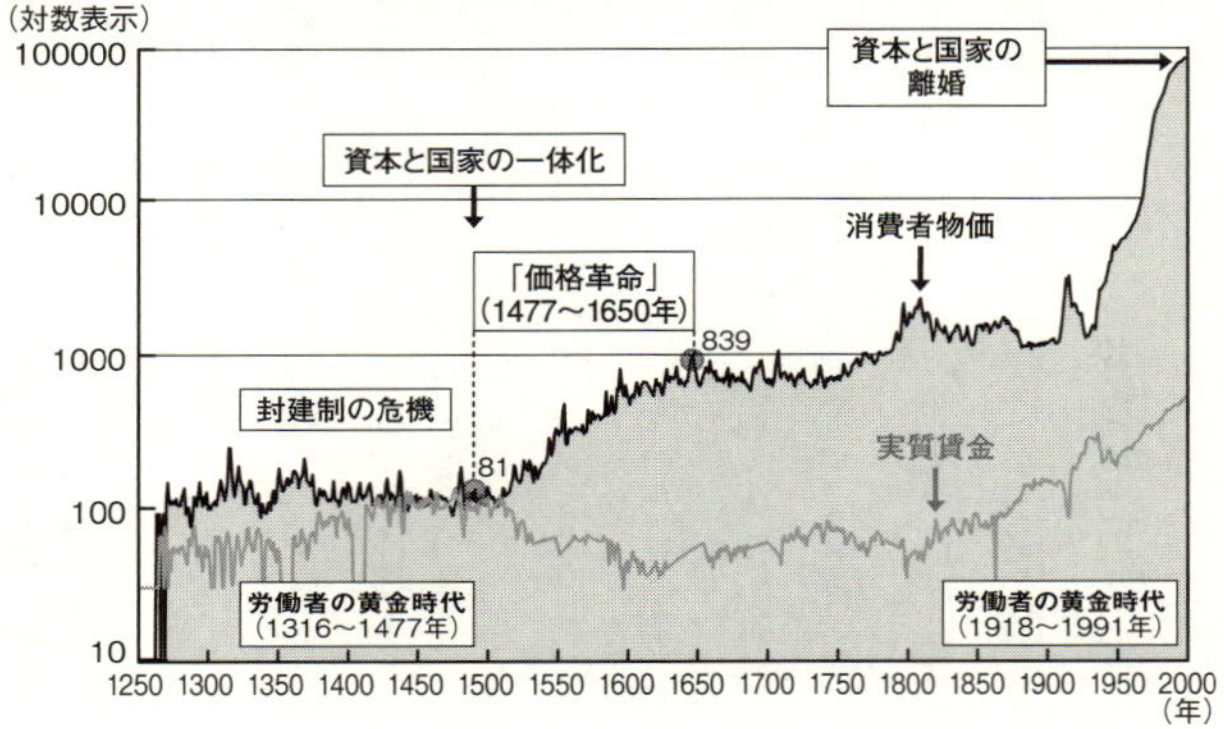

(注)1451〜75年の平均を100とする
B.R.ミッチェル『イギリス歴史統計』『マクミラン世界歴史統計』、OECD “Economic Outlook”をもとに作成

賃金は四・五倍しか増えず、図6にあるように実質賃金は急低下しました。

さまざまな商品のなかでも、とくに値上がりが激しかったのが穀物をはじめとする農産品です。図7にあるように燕麦《えんばく》、麦芽の価格は七〜八倍、小麦は六・五倍という高騰ぶりです。明らかに従来の価格変動とは次元の異なる価格上昇が起きたのです。

一四七七年までの一六〇年間ほど緩やかな下落傾向だった消費者物価、とくに食糧にこのような大きな変化が起きたのはなぜか。

理由のひとつは人口の増加です。ペストの流行で長く続いていた人口減少が終わりを告げ、再び人口増加に向かい始めたのです。

そしてもっとも重要な要因は、ヨーロッパ経済圏の「統合」です。具体的には、この一六世紀の間に先進地域であるイタリアなど地中海二四〇〇万人と、新興地域である英蘭仏独三二〇〇万人、そして後進地域の東欧諸国一四〇〇万人の三つの経済圏が統合されていきました。

つまり、ヨーロッパ経済圏の統合と人口増大によって、供給に制約のある食糧需要が非連続的に高まったのでした。

新興国を世界経済に接続していく現代のグローバリゼーションとは規模が異なるものの、「長い一六世紀」とは、それまでの歴史のなかではなかった規模の経済統合がヨーロッパ内で進行し、その結果、長期にわたる価格高騰、いわゆる「価格革命」が引き起こされた時代だったのです。

そして、貨幣的な意味でも、この急激なイ

図7 1510〜1640年にかけての価格上昇率(英国)

乾草、わら	8倍以上
麦芽、燕麦	7〜8倍
小麦	6.5倍
バター	4.3倍強
えんどう豆	5倍
牝鶏、鶏卵	4.3倍
ビール	3倍弱
石炭	2倍以下

竹岡敬温『近代フランス物価史序説―価格革命の研究』をもとに作成

ンフレを加速させる出来事が一五四五年にありました。スペインの支配下にあったボリビアでポトシ銀山が発見されたのです。一六世紀後半にポトシ銀山をはじめとする新世界の金・銀が大量にヨーロッパに流れ込んだ結果、貨幣価値は下落し、消費者物価をさらに引き上げることにつながりました。

では、なぜこのような「価格革命」に着目する意味があるのでしょうか。

端的に言えば、この価格の大変動は単なるインフレではなく、政治・経済システムを根底からゆさぶるものだからです。そして、「価格革命」の収束は、新たなシステムが誕生するときにしか起きないのです。

「価格革命」は、すなわち「歴史の危機」を意味しています。

「長い一六世紀」の「価格革命」は、それまでの時代のシステムであった荘園制・封建制から資本主義・主権国家システムへの移行が起こるという非常に大きな「歴史の危機」を引き起こしました。

▼中世の「労働者の黄金時代」

このシステムの大変化がなぜ起きたのかを説明するには、「価格革命」の起きる前、つまり一四世紀初頭から一五世紀後半にかけて、ゆるやかなデフレ期があったことに着目しなくてはなりません。

図6（六四ページ）にあるように、イギリスの消費者物価は、一三一六年をピークに一四七七年までの間に、平均で年率〇・六％下がり、ピーク時の三八％の水準にまで落ちてしまいました。この長く続いたデフレ期を「中世の危機」「封建制の危機」と呼ぶ歴史家もいます。

しかし、このデフレは失敗の産物というよりは、成功の産物でもあるのです。農業技術の革新が進み、生産性があがって、供給が十分な水準に達した結果、物価水準がゆるやかに下落していったのです。

歴史家のペリー・アンダーソンは、「それまで三世紀にわたって封建経済全体を前進させてきた原動力である農村の開拓が、地理的にも社会構造上も客観的にみて天井に突き当たってしまった」（『古代から封建へ』）ものだと分析しています。だから、冒険家たちは当時のスペイン皇帝やポルトガルの国王に支援を仰ぎ、危険を承知で大航海に乗り出し、「新大陸」や「インド」など新しい空間を「発見」したのです。

つまり、成長を追い求めたシステムが「地中海経済圏」という空間のなかで成功してしまい、既存の空間内では利潤をこれ以上、得ることがむずかしくなっていった。そういう意味で、「長い一六世紀」の危機と「長い二一世紀」の危機には相似性があるのです。

このように物価水準が緩やかに低下する一方で、一四世紀末までにペストの流行で人口の三分の一が死亡したため、相対的に労働者の得る実質賃金が趨勢的にのびていきました。その分、割を食ったのが支配者側である荘園領主たちです。希少な労働力を維持するために、荘園の支配者たちは労働者（農民）の租税貢納を重くすることすらできなかったのです。

ブローデルが「労働者の黄金時代」と呼んだ時代です。

労働者が多くの賃金を手にするかたわらで、封建領主の配分は減少の一途をたどりました。封建領主たちにとっては、投下した元手の回収が危うい、困難な時期でした。

この状態が一三一六年から一四七七年までおよそ一六〇年ほど続いた結果、封建領主層は没落し、封建制システムそのものが危機に陥ります。荘園制経済のもとで利益を得ることができなくなった封建領主は支配権を失っていきました。

実際、労働分配率は一四七七年には一一七％程度まで上昇していたことが推定されています。つまり、一年間の付加価値の一七％を今までの蓄積から取り崩さなくてはならないほど、封建領主たちにとっては危機的状況でした。

▼「価格革命」期に起きた権力システムの大変動

しかし、一五世紀後半に入ると、封建領主のなかで、なんとかこの危機を克服しようとする動きが出てきます。そこで起こったことは、封建領主のなかでも力をもつ者が国王となり、絶対王政を確立していくという権力の集中の過程です。

一五世紀末というのは、コロンブスが新大陸に到達し、ヴァスコ・ダ・ガマがアフリカ大陸の南端を経由しインド航路を開拓した時代であり、キリスト教がイスラム勢力からイベリア半島を奪回するレコンキスタを完了させる時代です。

たとえば、ハプスブルク家のように、何百人といる貴族が一人の国王を盛り立てて、小さな封建単位から大きな国家単位になっていく。やがて、カール五世（在位一五一九～一五五六年）やフェリペ二世（在位一五五六～一五九八年）のようなスペインの国王が資本家となり、グローバリゼーションによって支配する市場の範囲を広げていきました。

それは一五〜一六世紀に資本が国家と一体化することで、国家が利潤の独占に向かったことを意味しています。

その試みを社会学者イマニュエル・ウォーラーステインは『近代世界システムII』で次のように述べています。

「この（封建社会の）危機を脱するには、徹底した社会変革以外の方法はありえなかった。（中略）その道こそは、余剰収奪の新たな形態である資本主義的世界システムを創造することにほかならなかったのである。封建的生産様式を資本主義的生産様式に置き換えるというのが、領主反動の実態だったのである」

そして、資本主義・主権国家システムへの過渡期において、旧来の固定的な地代収入にたよっていた荘園領主はさらに没落すると同時に、労働者の実質賃金も低迷の一途をたどります。一四七七年のピーク時を一〇〇とすると、実質賃金は一五九七年には二四まで下がってしまったのです。一四七七年と同じ水準にまで実質賃金が回復するのは、一八八六年まで待たなくてはなりません。（図6・六四ページ）

私は、ここに資本と権力の狡知《こうち》を読みます。つまり、窮地に陥った封建領主は、権力を集中させることによって力を蓄え、労働者の実質賃金を下げることに成功し、自らの利潤を確保することができたのです。一部の封建領主が没落したとはいえ、支配層全体としてみれば、「労働者の黄金時代」に終止符を打ち、報酬をめぐる労使の力関係を逆転させることに成功したのでした。

それが近代主権国家と資本主義とが手を取り合って、花開いていくという一六世紀の姿です。

さらに大西洋を越えて「新大陸」へと広がるとき、旧来の帝国システムではコストがかかりすぎます。「陸」のスペイン世界帝国にとって代わって領土よりも市場を支配することに専念した「海」の国民国家イギリスが台頭していったのです（このプロセスについては第四章で改めて論じます）。

▼「長い二一世紀」の「価格革命」とBRICSの統合

「長い一六世紀」の「価格革命」がこうしたシステムの転換をもたらしたように、「長い二一世紀」の「価格革命」は何をどう変化させようとしているのでしょうか。そして、そもそも、なぜこの現代を「価格革命」のさなかにいると呼ぶことができるのでしょうか。「長い一六世紀」がそうであったように、「長い二一世紀」でもグローバリゼーションが進行しています。当然ながら、グローバリゼーションの規模でいえば、一六世紀のヨーロッパ内のグローバリゼーションよりも、ＢＲＩＣＳ二九・六億人を世界市場に統合する今回のグローバリゼーションのほうが大きいことは言うまでもありません。その大規模なグローバリゼーションの影響で、非連続的な資源価格の高騰が起きています。

そして、「長い一六世紀」の「価格革命」は、一五四五年のボリビア・ポトシ銀山の発見が加速させたわけですが、「長い二一世紀」の「価格革命」においても銀山の発見にあたる出来事がありました。一九九五年の国際資本の完全自由化です。世界中のマネーがアメリカ・ウォール街のコントロール下に入ったことで、「電子・金融空間」が国境を越えて世界でひとつに統合されたのです。

この一九九五年から、リーマン・ショックの起きる二〇〇八年までの一三年の間に、債権の証券化などレバレッジの高い商品が開発され、世界の金融空間で新興国の近代化に必

図8　21世紀の「価格革命」―原油価格高騰の推移

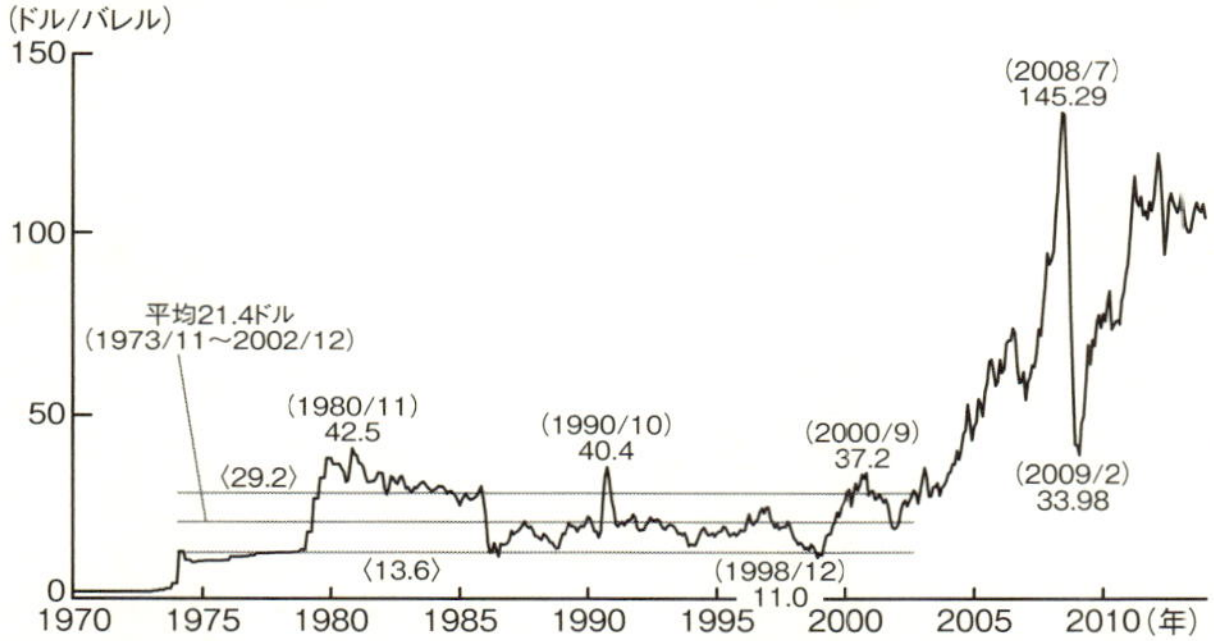

(注)1.1983年2月以前はアラビアンライト・スポット価格、83年3月以降はWTI先物・期近物(月末値)を使用
(ただし、90年10月、2000年9月は高値、01年11月は日次ベースの安値)
2.〈　〉内の数字は原油価格の±1倍の標準偏差
3.2011年1月以降はドバイ原油価格(これ以降WTIとドバイ原油価格が乖離)
New York Mercantile Exchangeのデータをもとに作成

要な量をはるかに超えるマネーが創り出されたのです。加えてリーマン・ショック後の先進各国による量的緩和が投機マネーの量をさらに増加させました。

その結果、資源価格、とりわけ原油価格が高騰するようになりました。その価格変動の仕方が、二〇世紀の価格変動とまったく違う姿を示していることは前章でも説明しましたが、図8のように二一世紀に入ると、供給ショックが起きたわけではないのに、原油価格は従来の上限値（一バレル一三・六～二九・二ドルのレンジで推移）を超え、二〇〇四年七月には四〇ドルを突破、リーマン・ショック直前の二〇〇八年七月一一日には一時、一バレル一四七ドルにまで達しました。現在も一〇〇ドル前後ですから、当然のことながら二〇〇二年までのレンジに戻る気配はありません。

つまり、今回の「価格革命」も、新興国の人々にとっては耐えがたい物価の上昇をもたらしています。「価格革命」が起きるのは、異なる経済圏が統合されるとき、「周辺」の経済圏が「中心」を飲み込んでしまうときです。一六世紀のグローバリゼーションにおいても、二一世紀のグローバリゼーションにおいても、新たに統合される新興国の人口のほうが先進国よりも多いのです。

中国、インド、ブラジルといった人口の多い国で、先進国に近い生活水準を欲して、それに近づけようとすれば、食糧価格や資源価格の高騰が起き、一九六〇~七〇年代半ばの日本が一億総中流に向かったのと違って、高度成長する新興国と停滞する先進国の両方の国内で人々の階層の二極化を引き起こすことになります。

▼現代の「価格革命」が引き起こした実質賃金の低下

さらに、「長い一六世紀」に起きた労働者の実質賃金の低下と同じ現象も、現在の先進国で起きています。そして、そこに至るまでのメカニズムも「長い一六世紀」と非常によく似ているのです。

二〇世紀でもっとも実質賃金が低かったのは、第一次世界大戦が終わる一九一八年であり、ここから二〇世紀の「労働者の黄金時代」がスタートしました。図6（六四ページ）にあるように一九一八年から一九九一年までの間で、イギリス人の実質賃金は四・九倍に上昇しました。年率にして二・二％の上昇です。

とくに第二次大戦の終結した一九四五年から一九七三年は、歴史学者のエリック・ホブズボームの言うように、世界的な経済成長のもとで福祉国家が実現した「黄金の時代」でした。中世の「労働者の黄金時代」は、五〇〇年後の二〇世紀に再現されたのです。

しかし、一九七〇年代半ばに現代の「価格革命」が始まりました。すなわち資源価格が高騰したせいで、企業はそれまでのように利潤をあげることができなくなり、その利潤の減少分を賃金カットによって補おうとしたのです。

図9は、イギリスと日本における名目GDPと雇用者所得の関係の変化を表したものです。グラフの縦軸の「弾性値」とは、名目GDPが一・〇％増えたときの雇用者報酬の増

図9　名目GDPと雇用者報酬の関係

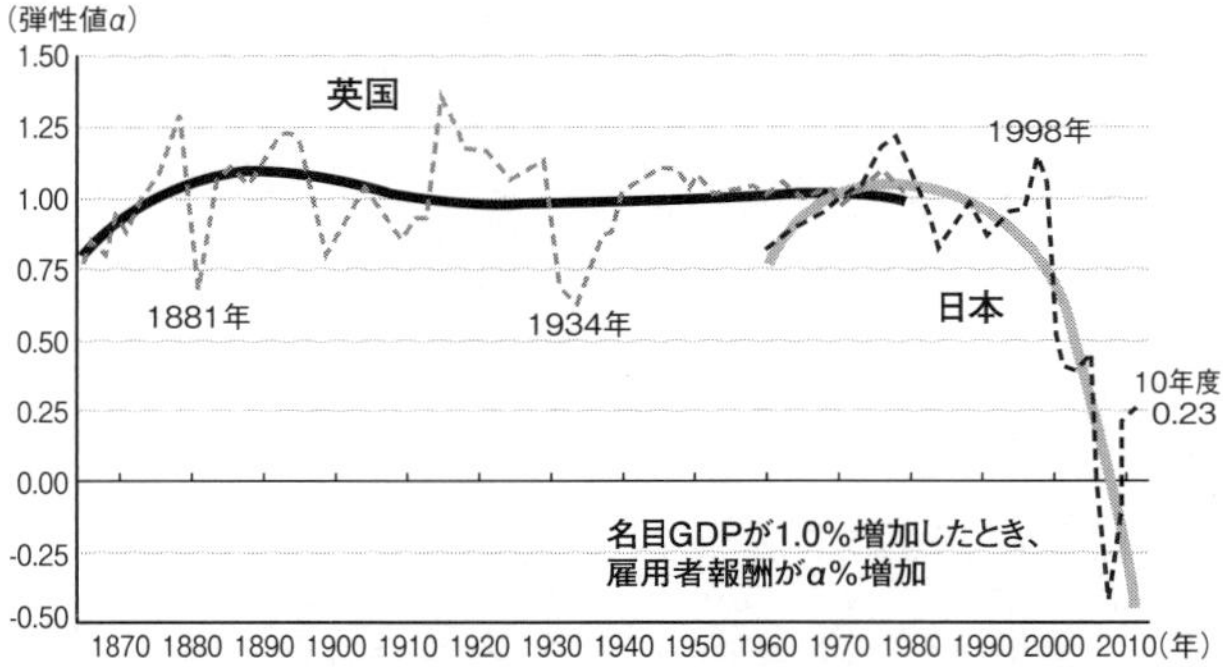

（注）1.弾性値αを求めるとき、1次回帰式y=α·x+β、y=雇用者報酬（対数表示）、x=名目GDP（同）、推計期間=10年とした

2.日本の場合、大企業・製造業のy=人件費（雇用者報酬）、x=限界利益（名目GDP）を用いた

B.R.ミッチェル『イギリス歴史統計』、財務省「法人企業統計季報」をもとに作成

加割合のことです。たとえば、弾性値αが一・〇〇ということは、名目GDPが一%増えると、雇用者報酬も一%増加するという関係を表します。

このグラフを見ると、一九九九年以降に「革命」的な変化が起きていることがわかります。一八六五年から一九九八年までの一三〇年間、弾性値αの平均はイギリスにおいて一・〇一でした。また、一九六〇年代以降の日本では〇・九七でした。つまり名目GDPの増加率と同じだけ雇用者報酬も増えていたのですから、名目GDPから雇用者報酬を差し引いた企業利潤（固定資本減耗も含めて）も同率で増えていたことになります。

図10　日本の実質賃金

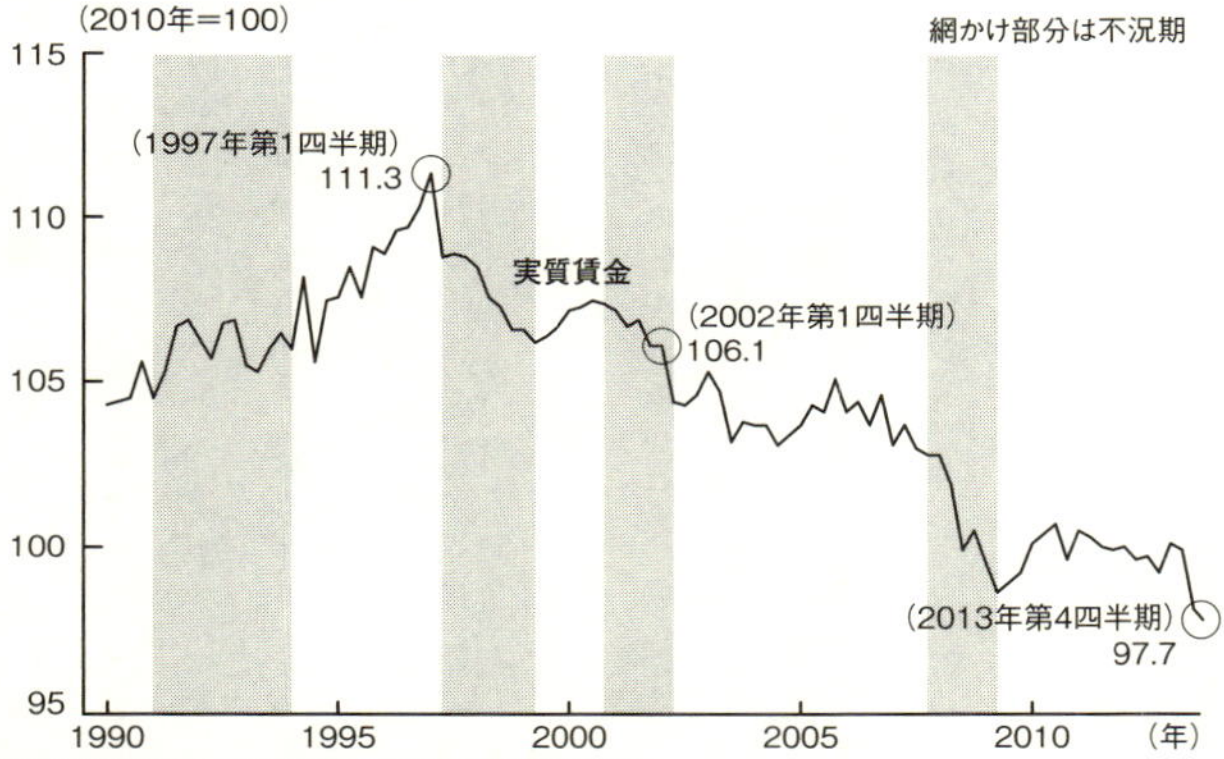

(注)2013年第4四半期の数字は10月と11月の平均
厚生労働省「毎月勤労統計」(調査対象は全産業ベース)をもとに作成

ところが、一九九九年以降、この関係は崩壊し、弾性値αは急落、二〇〇六年あたりにはマイナスの値をとってしまっています。つまり、この時期から企業の利益と雇用者報酬とが分離し、二〇〇六年に至っては企業の利益はあがっているのに、雇用者報酬が減少するという現象が起きてしまったのです。

同じことは、日本の実質賃金の推移を見てもわかります（図10）。一九九七年一～三月期をピークに、好不況にかかわらず実質賃金は激しく低下しています。

こうした傾向は、データが存在する一三〇年間の歴史において初めてのことです。総付加価値がプラスの伸びを示しているときに、雇用者報酬の伸び率がマイナスになったことは、一九九〇年以前には決してありませんでした。これは、労働と資本の分配比率を初期に決めた割合、たとえば七対三だったら、一世紀以上にわたってその比率を変えなかったということです。

ところが、二〇世紀末にグローバリゼーションの時代になって、資本側がこの比率を変えようとしたのです。

つまり、資本側はグローバリゼーションを推進することによって、資本と労働の分配構造を破壊しました。グローバリゼーションを進めた資本側は、国境に捉われることなく生産拠点を選ぶことができるようになったのです。資本側の完勝と言ってもいいでしょう。景気回復も資本家のためのものとなり、民主主義であったはずの各国の政治も資本家のために法人税率を下げたり、雇用の流動化といって解雇をしやすい環境を整えたりしているのです。

▼「長い二一世紀」の「価格革命」はいつ終わるのか?

このように、「長い一六世紀」においても「長い二一世紀」においても、資源価格の急騰と実質賃金の減少が並行して起きていることがわかります。

では、「長い一六世紀」において「価格革命」はいつ収束したでしょうか。このことはそのまま、二一世紀の「価格革命」の終わりを考えることでもあります。

二一世紀の中国が恒常的なインフレ状態にあるように、「長い一六世紀」の新興国であったイギリスでも消費者物価が一四七七年から上昇し続けました。そして、イギリスの一人あたりGDPが、当時の先進国イタリアに追いついた時点で、「価格革命」は収束しました。一七世紀の半ばのことです。

それになぞらえて考えるならば、中国の一人あたりGDPが日米に追いついた時点で、二一世紀の「価格革命」も収束するだろうと予測できます。それがいったい、いつごろ起こるのか、日中の関係で試算してみましょう。

日本の一人あたり実質GDP（一九九〇年国際ドル水準）に中国がいつ追いつくかを試算すると、およそ二〇年後になります。二〇一二年時点での日本と中国の一人あたり実質GDPには四倍の開きがありますが、将来の成長率を日本一％、中国八％とすると、二〇年後に日中の一人あたり実質GDPは同水準になるのです。

つまり、二〇三〇年代前半に中国の一人あたり実質GDPが日米に追いつくまで、資源価格の上昇と新興国のインフレ、つまり「価格革命」は収束しません。

もちろん、これは試算でしかありませんが、今から二〇年後、あるいはもう少し先に、新しい政治・経済システムが立ち上がってくるかもしれない、というおおよその予測は成り立つのです。

▼資本に国家が従属する資本主義

この二一世紀の「価格革命」をどのように評価すべきでしょうか。

「価格革命」とは、グローバリゼーションによって市場が統合され、新しい経済・社会システムに適応した新しい価格体系に移行する過程で起きるものです。新興国において、大量の中産階級が誕生し、食糧やエネルギーの需給が逼迫《ひっぱく》することを織り込んで、市場は価格を高騰させる。そのために、資源や食糧の価格が非連続的に高騰するのです。

そして、その裏側には既存の「地理的・物的空間」（実物投資空間）で利潤をあげることのできない資本の帝国の思惑が透けて見えます。この章の冒頭で述べたように、フロンティアに行き詰まった先進国の資本は「電子・金融空間」を創出し、そこで稼ぎ出した過剰資本を新興国市場に向けるのです。

そこまで踏まえたとき、二一世紀の「価格革命」とは次のようなものだと私は考えます。それまでの国家と資本の利害が一致していた資本主義が維持できなくなり、資本が国家を超越し、資本に国家が従属する資本主義へと変貌していることを示すものだと。

つまり「価格革命」とは、「電子・金融空間」創出の必然的帰結の出来事として捉えるべきことなのです。「電子・金融空間」でつくられた「過剰」なマネーが新興国の「地理的・物的空間」で過剰設備を生み出し、モノに対してデフレ圧力をかける一方で、供給力に限りがある資源価格を将来の需給逼迫を織り込んで先物市場で押し上げるのです。

一六世紀以来、五〇〇年かけて、人類は国家・国民と資本の利害が一致するように資本主義を進化させてきましたが、二一世紀のグローバリゼーションはその進化を逆転させようとしています。

資本主義の発展によって多くの国民が中産階級化するという点で、資本主義と民主主義はセカンドベストと言われながらも支持されてきました。資本が国境を越えられなかった一九九五年までは、国境のなかに住む国民と資本の利害は一致していましたから、資本主義と民主主義は衝突することがなかったのです。

まさに、アドルノが言うように「近代が反近代をつくる」のです。近代主権国家とは資本と国民の利害が一致して中間層を生み出すシステムなのですが、一億総中流が実現したとたんに、資本はそれを破壊しようとするのです。これは反近代的行為にほかなりません。

政治経済学者のロバート・ライシュも「過去数十年の間、資本主義は私たちから市民としての力を奪い、もっぱら消費者や投資家としての力を強化することに向けられてきた」(『暴走する資本主義』)と指摘するように、資本主義は、中産階級を没落させ、粗暴な「資本のための資本主義」に変質していったのです。

これは見方によっては、資本主義の「退化」であるとも考えられます。なぜなら、近代資本主義はその初動においては、もっぱら国王のための資本主義であり、当時にあっては国王＝資本家だったからです。近代は自らのピークにおいて資本という「超国家」的存在の絶対君主を登場させたのです。

▼新興国の近代化がもたらす近代の限界

こうした「長い二一世紀」のグローバリゼーションがもたらす帰結を踏まえると、新興国の成長が世界に福音をもたらすものではないことが、おわかりいただけるのではないでしょうか。

新興国の近代化は、これまでの先進国の近代化とは大きく異なる点があります。それは、一三・六億人の中国人全員が、あるいは一二・一億人のインド人全員が豊かになるわけではない、ということです。

一六世紀に近代が幕を開けて以来、約五〇〇年をかけて、二〇一〇年時点の先進国一二・四億人(国連の定義する「より開発された国・地域」で全人口の一八%)は豊かになりました。この近代資本主義の特徴は、およそ全人口の二割弱にあたる先進国が、独占的に地球上の資源を安く手に入れられることを前提としています。

たとえばセブン・メジャーズが原油価格を支配することで、石油を一バレル三ドル以内で好きな量だけ購入できるという仕組みが一九七〇年代の半ばまで続いていました。したがって、その仕組みに参加できなかった現在の新興国は、ほとんど成長率が横ばいのままだったのです。

ところが、今起きている二一世紀のグローバリゼーションは、ＢＲＩＣＳ二九・六億人、さらに残る二七・二億人に対して、かつての先進国と同様に豊かになれるだろうとの期待をもたらしています。しかも、先進国一二・四億人が五〇〇年をかけて達成した生活水準を、五六・八億人がわずか二〇～三〇年で達成して豊かな生活を手に入れようとするわけです。

これから近代化する新興国の人々が先進国並みに自動車を所有すれば、ガソリンの消費量は増加しますし、電気冷蔵庫を購入すれば、発電のために原油や原子力が必要となります。また、鉄には加工過程がありますから、鉄を消費すればその分エネルギー消費量も増加するわけです。

一人あたり電気消費量と生活水準（一人あたりＧＮＩで代替）の関係をみると、豊かな国ほど多くの電気を消費していることがわかります。たとえば、日本の所得水準（一人あたりＧＮＩ、ＰＰＰ評価）は三万四七三〇ドルで、電力消費量は一人あたり八一一二ｋＷｈです（二〇一〇～二〇一一年の平均、世界銀行統計）。中国は所得水準七九五五ドルに対して、

図11　所得水準と電力消費量の関係

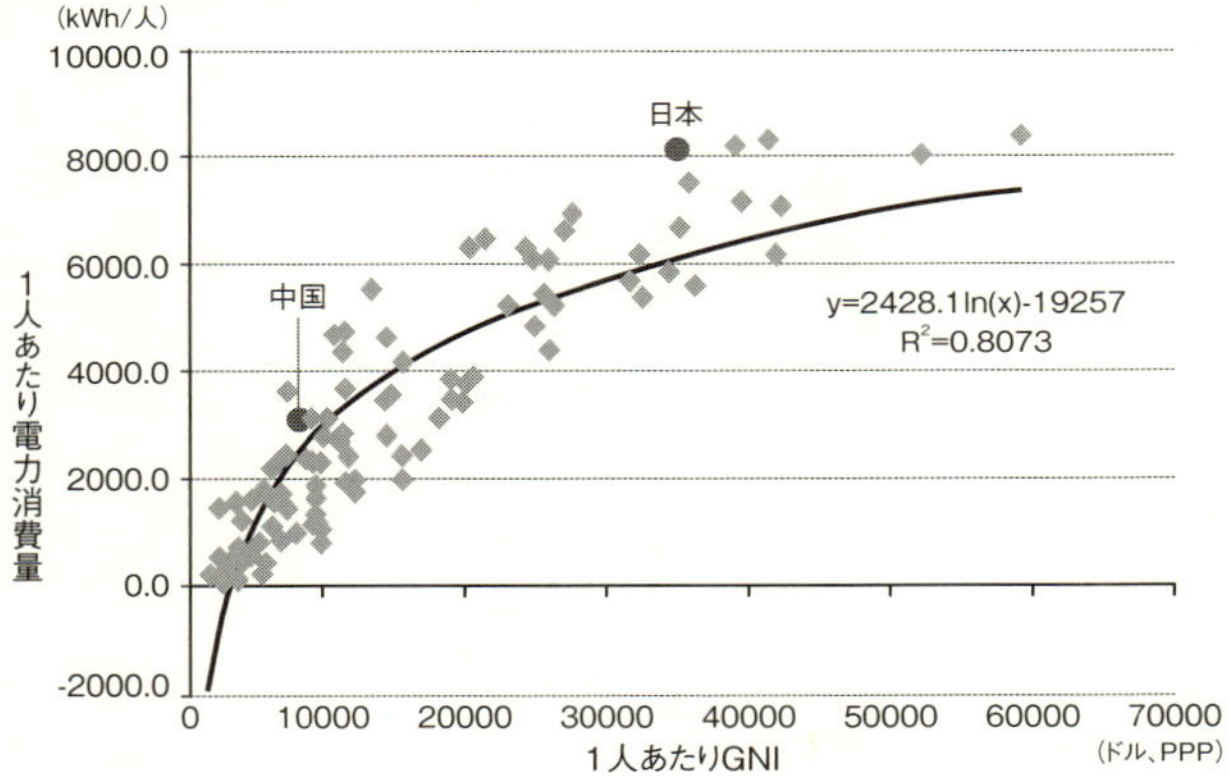

(注)データは2010年と2011年の平均、対象国は106ヵ国　World Bank"World Bank Open Data"をもとに作成

電力消費量は三一二〇ｋＷｈです。

世界銀行の統計を使って、一〇六ヵ国の所得と電力消費量の関係を図示すると、指数関数上にそって強い正の関係が見られます（図11）。

近代化とは、電気やガソリンを使った快適な生活だと言うことができます。電気やガソリンを使って、より遠くへ、より早く、そしてエアコンのある家、オフィスということになります。その電気やガソリンは大半が化石燃料からつくられます。

仮に中国が近代化に成功して、今のＯＥＣＤ加盟国の所得水準（一人あたりＧＮＩ＝三万四五〇〇ドル）に達したら、一人あたりの電力消費量は図11からわかるように、およそ六二〇〇kWhとなり、現在の二倍弱を消費することになります。六八四kWhを消費しているインドも同じよう近代化に成功したら、九倍強を消費することになります。

中国で一人あたり一・八九倍（八九％増）、インドで九・一倍（八一〇％増）というのは、世界の電力消費量をどれだけ増やすことになるでしょうか。世界の電力消費量に与える影響をみるには、中国とインドの現在の電力消費量に占めるシェアを求めれば、計算可能です。中国のシェアは二〇一一年で二一・五％、インドのシェアは五・九％なので、中国の一人あたり電力消費量が一・八九倍になると、世界の電力消費量を一九・二％増やし（＝八九％×二一・五％）、インドは四八・七％増やすことになります。この二ヵ国だけで、世界の電力消費量は今までの三分の二を上乗せすることになります。

さらにブラジル、インドネシア、アラブ世界といった人口の多い国々が近代化に成功すると電力消費量は現在の二倍になることが予測されます。

世界の電力消費量が二倍になるとはどういうことでしょうか。一九七三年に六〇八万kt（石油換算）だった世界の電力消費量は、二〇一一年に一二七二万kt、およそ二倍に達しました。つまり、二倍になるのに四〇年かかったのです。

先ほど中国の一人あたりGDPが日本に並ぶのはおよそ二〇年かかると申し上げましたが、その二〇年で中国、インド、ブラジル、インドネシア、アラブ世界の国々が近代化し、電力消費量がOECD加盟国並みになるということは、過去四〇年間かけて達成した増加分と同じだけ、次の二〇年間で増加させることを意味します。あるいは、この二〇年以内に全世界の発電所の数を倍に増やす、ということでもあります。

電力消費量が二倍になる、というのが、どれだけインパクトのあることか、おわかりいただけたでしょうか。

同じことは、一人あたり粗鋼生産量（消費量）からも確認できます。近代化とは工業化であり、その達成度合いは一人あたり粗鋼生産量で測ることができるからです。

エネルギーの消費者は従来の一二・四億人に新たに五六・八億人が加わることになります。二〇一一年の世界粗鋼生産量（消費量）は、約一五・四億tで、このうち九億tを先進国が消費していると推定されます。

したがって、先進国一人あたりの粗鋼の消費量は、〈九億t÷一二・四億人〉で、〇・

七tということになります。BRICSのような新興国の二九・六億人が、残りの約六億tを消費していると考えると、新興国の一人あたりの粗鋼の消費量は〈六億t÷二九・六億人〉で〇・二tになります。

では数十年後に、七〇億人が現在の先進国並みに一人あたり〇・七tの鉄を消費したら、どうなるでしょう。簡単な掛け算で、要するに世界人口七〇億人×〇・七tなので四九億t、つまり現在の約三倍強の粗鋼生産量が必要となります。

粗鋼の消費とエネルギーの消費が比例するならば、エネルギー消費量も約三倍に増加します。これから数十年かけて、原油の消費が三倍に増えれば、それを織り込んで今以上に原油価格が高騰する見込みが高くなると考えるのは当然です。

実際、一九九〇年代の原油価格は平均で一バレル一九・七ドルでしたが、現在は一〇〇ドル前後ですから、約五倍になっているわけです。

さらに言えば、ここには資源の有限性という視点は織り込まれていません。七〇億人のエネルギー消費をまかなえるだけの化石燃料は地球上にないのですから、全世界の近代化というのは不可能なシナリオです。

▼グローバル化と格差の拡大

では、この現在のグローバリゼーションで何が起きるかというと、豊かな国と貧しい国という二極化が、国境を越えて国家のなかに現れることになります。

つまり、今までは二割の先進国が八割の途上国を貧しくさせたままで発展してきたために、先進国に属する国では、国民全員が一定の豊かさを享受することができました。しかし、グローバリゼーションの進んだ現代では、資本はやすやすと国境を越えていきます。ゆえに、貧富の二極化が一国内で現れるのです。

近代において南＝貧困、北＝富裕というように、西側先進国は格差を自国内には進入させないようにしていたのですが、グローバリゼーションの時代になると北側にも格差が入り込むようになりました。いわば、グローバリゼーションとは南北で仕切られていた格差を北側と南側各々に再配置するプロセスと言えます。

すでに先進国では一九七〇年代半ばを境として、中間層の没落が始まっています。

たとえば図12にあるように、アメリカでは、所得上位一％の富裕層が全所得に占める割合が一九七六年の八・九％から二〇〇七年の二三・五％にまで高まりました。実に一九二八年以来の高い水準です。

この一九二八年の翌年にウォール街でブラック・サーズデイ（暗黒の木曜日、一九二九年一〇月二四日）の株価大暴落があり、世界大恐慌を引き起こしたことはじつに象徴的です。同じように二〇〇七年の翌年には「一〇〇年に一度」（グリーンスパン元ＦＲＢ議長）のリーマン・ショックが起きました。バブル崩壊のたびに企業がリストラを進めるため、先進国では中間層が最大の被害者となるのです。

そして、これから近代化を推し進めていく新興国の場合、経済成長と国内での二極化が同時に進行していくことになるでしょう。そこが、これまでの先進国の近代化とは大きく異なる点です。先進国は、曲がりなりにも成長のピークを迎えるまでは所得格差は縮小していきました。対して、これからの新興国は格差拡大を伴いながら、近代化が進んでいくことになります。

近代システムは、先進国に限られた話とはいえ、中間層をつくり上げる仕組みとしては最適なものでした。中間層が、民主主義と資本主義を支持することで近代システムは成り

図12　アメリカの富裕層（上位1％）の所得が国民総所得に占める割合

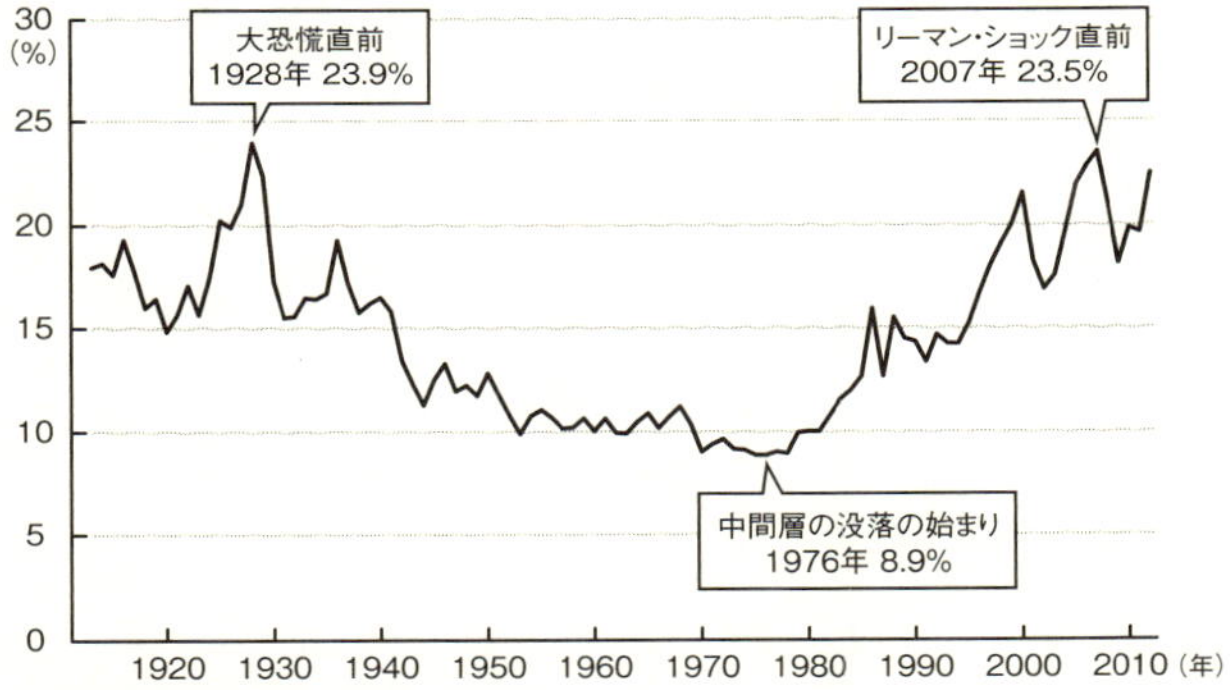

（注）賃金のほか、事業収入、利子・配当を含む
"The World Top Incomes Databese"のデータをもとに作成

立っていました。

ところが、現代のグローバル資本主義では、必然的に格差が国境を越えてしまうので、民主主義とは齟齬《そご》をきたします。したがって、日本で一九七〇年代に「一億総中流」が実現したようには中国で一三億総中流が実現しないとなれば、中国に民主主義が成立しないことになり、中国内で階級闘争が激化することになるでしょう。このことは、中国共産党一党独裁体制を大きくゆさぶることになると予想されます。

その意味では、中国に対して、民主主義が達成されていないと批判するのは、先進国の傲慢《ごうまん》であるとさえ私には思えます。近代化を新興国に求めたのは、自国では利潤を得ることができなくなった先進国の資本なのですから。「価格革命」の進む資源高の時代に近代化する国は国内の階層の二極化を伴うため、民主主義が機能する前提条件を欠いています。西欧的な近代社会は途上国から資源を安く購入することで成り立っていたのですが、途上国の近代化によってその条件がもはや消滅してしまったのです。

▼中国バブルは必ず崩壊する

さらに懸念すべきは、新興国の経済がいやおうなしに金融経済に巻き込まれた結果、頻繁なバブルの発生と崩壊のリスクが高まってしまったことです。

一九九五年に国際資本が国境を越えてやすやすと移動するようになってから、アメリカは「電子・金融空間」を築き上げ、わずか十数年で一四〇兆ドルを超えるマネーを創出しました。リーマン・ショックと欧州危機によって、そうした余剰マネーの行き場は新興国に集中するのですが、これを新興国で吸収できるはずがありません。

新興国の経済規模は総額でおよそ二八兆ドル（二〇一三年）であり、経済成長に必要な固定資本形成というのは、ピークでもおそらく国の経済規模の三割程度です。この三割という数字は、日本が一九七三年に民間設備投資と住宅投資と公共投資を合わせて、約三三％だったことにもとづいています。先進国のなかでこの三三％の水準を超えた国は、日本のほかにはありません。したがって、二八兆ドル規模の経済をもつ新興国にとって近代化に必要な資本は、仮に国内貯蓄がゼロだとしても、おそらくもっとも必要なときで、三割強の九・三兆ドルあれば十分ということになります。

しかし、これでは、とても余剰マネー一四〇兆ドルを吸収できるはずはありません。しかもこの九・三兆ドルはもっとも必要なときの数字であって、新興国自身の貯蓄が増えていけば、海外から調達する投資はもっと少なくなっていきます。

それでも余剰マネーは少しでも利潤の多く得られるところを目指して世界中を駆け巡りますから、どうしても新興国に過剰な投資が集まります。すでに中国では誰も住まないようなマンションが立ち並んでいるようですし、景気の減速によって過剰設備が危険視されています。そこで起きるのがバブルとその崩壊です。このことはすでに先進国、ことに日本とドイツが実証しています。

日本とドイツの抱える過剰な生産設備は、アメリカの過剰な消費によってかろうじて持ちこたえていましたが、リーマン・ショックによってその構図も崩壊しました。

それと同じことがＢＲＩＣＳでも起きるわけです。中国に国内外の余剰マネーが一斉に集まってくる。そこで過剰生産となれば、中国の外側に中国の過剰設備を受け入れることのできる国はないので日本以上のバブル崩壊が起きるのは必然だと思われます。

ただ、日本でのバブル崩壊は、中成長の段階で起きました。オイル・ショックによって、一〇％成長から四％成長になり、そこでバブル崩壊が起きてゼロ成長になった。しかも、国際資本の移動性が完全になる一九九五年より前の出来事です。

一方、中国では、まだ高い成長率の現段階で、もうすでにバブルが起きています。これは短期的な不動産バブルだけを意味しているのではありません。中国では過去の長い期間にわたり、ＧＤＰの半分を、住宅投資、設備投資、公共投資などの固定資本の追加分、すなわち国内総固定資本形成が占めてきました。ＧＤＰの半分というのは、異常な高率ですが、中国ではこのような固定資本投入過剰な状態がすでに一〇年以上も続いています。

中国が世界の工場と呼ばれる時代、仮に世界全体を自国のための市場とみなせば、固定資本投入が過剰でも、世界市場が受け皿になってくれましたから、まだ余裕はありました。

しかし、輸出主導の経済が終わり、中国が内需主導の経済に転換できないのなら、過剰設備の使い道はなくなります。投資に見合う市場が見つからない、「生産能力過剰時代」を迎えることになります。

つまり、マネーのグローバリゼーションを背景に世界中から投資が集まったそのバブルがまさに弾けようとしているのです。

そのとき、中国もデフレに陥り、ゼロ金利、ゼロ成長になっているでしょう。

「長い一六世紀」のあと、一七世紀はデフレの時代となりました。当時の新興国であるイギリスの物価は一六五〇年をピークに一七三四年に至るまで下がり続けました。「長い一六世紀」の価格高騰時代に供給力が過剰になった可能性があります。だから、次の世紀は「デフレの時代」となるのです。おそらく、一七世紀のイギリスがそうであったように、二一世紀の中国も供給力過剰の「デフレの時代」を迎えることになるでしょう。

資本主義とは内在的に「過剰・飽満・過多」を有するシステムなのです。スーザン・ソンタグが『火山に恋して』でこのことを象徴的に描写しています。「偉大なコレクションとは膨大なということであって、完成しているということではない。（中略）蒐集家が必要とするのはまさしく過剰、飽満、過多なのだ。（中略）コレクションとはつねに必要を越えたものなのだ」と。

日本はバブル崩壊後、いわゆる「失われた二〇年」に突入しましたが、成長率が高い中国のバブル崩壊が世界経済に与える影響は日本の比ではないでしょう。日本の「失われた二〇年」は外部にＢＲＩＣＳの近代化がありました。二一世紀の中国には日本にとってのＢＲＩＣＳは存在しないのです。

中国のバブル崩壊の影響は甚大です。だから、ほんとうは、G20でブレーキをかけるような議論がおこなわれてしかるべきですが、そういった気配はあまり感じられません。リーマン・ショックや欧州危機にも有効な対処ができていないことを踏まえると、もはやグローバル資本主義に対して、国民国家は対応不全に陥っている状況なのです。

▼資本主義システムの覇権交替はもう起きない

このような中国バブル崩壊までを見据えて考えたとき、中国が世界経済の新たな覇権国になる可能性は低いと私は考えています。

覇権国の推移を考えるにあたって参考になるのは、イタリア出身の歴史社会学者ジョヴァンニ・アリギの議論です。アリギによれば、資本が健全な投資先を失い、利潤が下がると、金融拡大の局面に入っていくといいます。そして、それと同時にその国の覇権が終わる。つまり、世界経済の覇権を取った国はいずれも、実物経済がうまくいかなくなって、金融化に走るわけです。

利子率の推移はまさにそのことを示しています。経済大国の利子率の歴史は、そのまま、各時代の世界経済の覇権国を表しているのです。

最初はイタリアの都市国家から始まって、資本主義の勃興とともに、オランダ、イギリスへ、二〇世紀前半にはイギリスからアメリカへと覇権が移っていきます。

具体的にはこういうことです。まず、ジェノヴァがスペインの国王にお金を貸すようになり、商業から金融にシフトしていくときに、イタリアの凋落が始まります。その資本が今度はオランダに移り、オランダで生産拡大の局面を支えていきます。その後、オランダは東インド会社に投資しました。しかし、そこで利潤が獲得できなくなると、金融化という形で今度はナポレオン戦争に勝ったイギリスに投資機会を見出す。当時、イギリスに貸したものが、産業革命を筆頭に、生産の拡大を後押しして、イギリスの黄金時代になる。同様にイギリスは「英国大不況」（一八七三～一八九六年）でバブル崩壊不況を経験し、世界の工場としてドイツやアメリカが台頭してくると金融に活路を見出すわけですが、結局、それがイギリスの衰退をもたらして、今度はその資本がアメリカに貸し出されて、アメリカの覇権になるのです。

このサイクルを見ていくと、非常に興味深い点があります。それは、ある国が覇権を確立する段階では、それ以前の覇権国の金利を下回り、世界でもっとも低い金利になるということです。

このことは、一六世紀以降、どの国でも最初は実物経済のもとで利潤率があがるのですが、資本蓄積が進むと投資効率は低下することを示しています。したがって、もっとも成長した国の金利が趨勢的に下がっていく。アリギの議論と利子率の推移は一致するのです。

この議論にしたがえば、現在の覇権国であるアメリカの利子率は低くなっていますから、利潤率の高い中国へと覇権交替が起きるように思えます。

しかし、今回ばかりはこの交替は起きません。なぜなら、アリギの議論が示すものは、あくまでも資本主義の枠内での覇権交替理論だからです。

▼グローバリゼーションが危機を加速する

シュミットの『陸と海と』を参照しながら、私は二一世紀を「海の国に対する陸の国のたたかいの世紀」と位置づけ、近代において海を支配して覇権を握った英米に対して、陸の国であるＥＵやＢＲＩＣＳなどの新興諸国が優位に立とうとしているのではないか、と考えてきました。

現在の状況を見れば、海の帝国である英米の衰退に加えて、ＥＵも停滞しているのですから、もうひとつの陸の大国である中国を代表とするユーラシア大陸の国が、今後しばらくは成長を謳歌《おうか》していくでしょう。

ただ、それもマクロな視野で見るならば、たかだか数十年の一時的なものにすぎないのです。すでに説明したように、新興国の成長は「近代」という土俵のうえでのことであり、現在の中国やインドの成長と日本の高度経済成長を重ねて見ることが多いように、それはかつての日本と同じ姿なのです。オランダやイギリスが「長い一六世紀」にスペインやイタリアにとってかわって世界のリーダーになれたのは、中世封建システムにとってかわる近代システムを持ち出したからです。

結局、近代を延命させようとする二一世紀のグローバリゼーションは、エネルギーが無限に消費できることを前提としていますから、一六世紀以来の近代の理念となんら変わりがありません。

したがって、近代の延長上で成長を続けている限りは、新興国もいずれ現在の先進国と同じ課題に直面していきます。

むしろ、グローバリゼーションによって成長が加速している分、遠くない将来に同様の危機が訪れるでしょう。すでに現在、少子高齢化やバブル危機、国内格差、環境問題などが新興国で危ぶまれていることからも、それは明らかです。

だとすれば、もはや近代資本主義の土俵のうえで、覇権交替があるとは考えられません。次の覇権は、資本主義とは異なるシステムを構築した国が握ることになります。

そして、その可能性をもっとも秘めている国が近代のピークを極めて最先端を走る日本なのです。しかし、日本は第三の矢である「成長戦略」をもっとも重視するアベノミクスに固執している限り、残念ながらそのチャンスを逃すことになりかねません。近代システムが盤石であるという前提で日本の経済政策の舵が取られていること、そしてその誤りと危険性について、次章で説明していきたいと思います。

第三章　日本の未来をつくる脱成長モデル

▼先の見えない転換期

近代資本主義の枠組みのなかで、もはや覇権国の交替はありえません。

中国が次の覇権国になるとの見方もあるのですが、近代化のプロセスを忠実に辿《たど》っている限り、覇権国にはなりえないのです。覇権国とは近代の主権国家体制のなかでの概念であって、近代が終わるとすれば、次の覇権国は存在しないからです。

ここまで見てきたように、資本主義を延命させる「空間」はもうほとんど残されていません。中国が一時的に経済成長のトップに躍り出ても、そう遠くない将来、現在の先進国と同じように「利潤率の低下」という課題に直面することになります。その時点で、二一世紀の「空間革命」は終焉を迎え、近代資本主義は臨界点に達することでしょう。

資本主義のあとに、どのような社会・経済システムが生まれるのかはまだわかりません。中世から近代への移行期が「長い一六世紀」（一四五〇～一六四〇年）であったように、それまで数世紀にわたって続いたシステムが一夜にして変わることなどできません。

ヨハン・ホイジンガは著書『中世の秋』でこう言っています。「新しい時代がはじまり、生への不安は、勇気と希望に席をゆずる。この意識がもたらされるのは、やっと一八世紀にはいってのことである」。

一六四八年に締結されたウエストファリア条約が政治的には近代の始点であるのですが、人々が次の時代に確信をもつのは、五〇年以上後のことです。しかも、ポスト近代の始点はまだ確定できていないのです。

我々の生きる「長い二一世紀」（一九七〇年～）も「長い一六世紀」と同じ状況にあると考えられます。

しかし、こうした難しい転換期において日本は新しいシステムを生み出すポテンシャルという点で、世界のなかでもっとも優位な立場にあると私は考えています。

▼資本主義の矛盾をもっとも体現する日本

その理由は、逆説的に聞こえるかもしれませんが、先進国のなかでもっとも早く資本主義の限界に突き当たっているのが日本だからです。いちはやく日本が資本主義の限界を迎えていることは、一九九七年から現在に至るまで、超低金利時代がこの国で続いていることが立証しています。

資本主義は一九七〇年代半ばを境に「実物投資空間」のなかで利潤をあげることができなくなったのですが、そのことを裏付けるデータは、近代の先頭を走る日本においてもっとも見つけることができます。

たとえば、日本の交易条件が大きく改善したのは、データが存在する戦後のなかでは、一九五五年から七二年までです。あるいは、日本の一人あたり粗鋼消費量がピークをつけたのは一九七三年度（〇・八三四t）でした。バブルのピークだった九〇年度でさえも〇・八一六tと、七三年度の水準を超えていません。

鉄の消費量は近代化のバロメーターですから、それが横ばいで推移しているのは、この四〇年にわたって、日本の内なる空間で需要が飽和点に達している証拠です。いわば近代社会を特徴づけていた大量生産・大量消費社会が一九七〇年代半ばにピークを迎えたことになります。

一九七三年度に、日本の中小企業・非製造業の資本利潤率が九・三％でピークを付けたのも同じことを示しています。中小企業・非製造業は基本的には営業基盤を国内におきますから、その資本利潤率が日本国内における資本利潤率を代表すると考えて差し支えありません。

中小企業・非製造業の利潤率が七三年にピークをつけたという事実は、その時点で国内において拡大路線が終わったことを示唆しているわけです。

さらに一九七四年は日本の合計特殊出生率が総人口を維持できる限界値である二・一を下回った年でもあります。これ以後、出生率は現在に至るまで、二・一を回復するどころか低下し続けています。このようにあらゆる指標が「地理的・物的空間」の膨張が止まったことを示唆しています。

▼バブルは資本主義の限界を覆い隠すためのもの

このように、日本では一九七〇年代半ばに「地理的・物的空間」の縮小傾向が明らかになりました。しかし、これは日本だけに限ったことではなく、先進国に共通して見られた傾向でもあります。したがって、なぜ先進国のなかで日本がいち早くバブルを経験したのかが、日本の先行性を読み解く鍵になります。そのために八〇年代の日米の経済の違いを考えてみましょう。

第一章でも説明したように、「地理的・物的空間」の限界に突き当たったアメリカは、金融帝国化に舵を切っていくわけですが、当初は国際資本の自由な移動が不完全であると同時に、交易条件悪化の負荷をもっとも強く受けていたため、一九七〇年代から八〇年代は停滞を余儀なくされました。

ウォール街では、一九七〇年代におよそ一〇年にわたってNYダウ平均株価が上昇しなくなったのです。一九七二年一一月から七三年一月まで三ヵ月の間一〇〇〇ドルを超えていたのですが、その後一九八二年一一月まで一〇〇〇ドルの壁を超えられませんでした。こうした状況を受けて、一九七九年八月、アメリカの経済誌ビジネスウィークがカバー・ストーリーで「株式の死（ザ・デス・オブ・エクイティーズ）」と題した特集を組んだほどです。

一方、日本は、省エネ技術によって二度のオイル・ショックを乗り切り、一九八〇年代に入ると、自動車と半導体の生産によって「ジャパン・アズ・ナンバーワン」を誇るようになります。

実際、日本の省エネ小型車はアメリカのビッグスリーの一角を追い詰め、半導体の生産金額では一九八六年〜九二年まで世界一に君臨し、四〇%のシェアを誇りました。いわば、日本はわずかに残された「実物投資空間」を制して、世界一の経済大国にのし上がったのです。

しかし、近代延命レースのトップを走ったがゆえに、資本主義の臨界点に達するのも早かった。その証が一九八〇年代のバブルです。

金融バブルの発生には、次のふたつの条件を満たすことが必要です。第一の条件とは貯蓄が豊かであることに加えて、時代が大きく変わるようなユーフォリア（陶酔）があること、そして第二の条件は、「地理的・物的空間」拡大が限界を迎えてしまうことです。

一九八〇年代の日本の個人貯蓄率は年平均で約一三%と高く、また、「首都改造計画」や地方のリゾート開発ブームで、「土地は値上がり続ける」というユーフォリアも醸成されていました。

一方、第二の条件としての「地理的・物的空間」の膨張が止まったのも日本が最初でした。日本は中間層が七割を占める社会をつくることに成功し、消費行動が似ていたため、乗用車やテレビなど財の普及率が早いスピードでおおむね一〇〇%に近づき、飽和点に達しました。

また、少子化が先進国のなかでもっとも早く進行したことで、成長が問題解決の決め手にならない領域に真っ先に突入したのです。

こうして金融バブル生成のふたつの条件を満たした結果、実物経済とはかけ離れた資産価格の高騰、すなわち土地バブルが日本で起きたわけです。

このように考えれば、日本でバブルが欧米より先行して生じた理由もわかります。つまり、バブル生成の十分な条件が日本国内で欧米に先駆けて整っていたし、「地理的・物的空間」の膨張が止まったのも日本が最初だったということです。

欧米でも長期金利が一九八〇年代初頭にピークに達したことから、近代資本主義経済における「地理的・物的空間」の拡大による利潤増大はできなくなっていたものの、金融バブルを引き起こす条件はまだ整っていませんでした。

当時のアメリカは個人貯蓄率が低く、財政と経常収支の双子の赤字に悩まされており、日本のような金融バブルが生成する十分な条件がそろっていませんでした。一九九〇年代後半、国際資本の完全自由化を実現させて、ようやく過少貯蓄の国・アメリカは過剰貯蓄の国・日本をはじめとして世界の貯蓄を利用できるようになったのです。

こうしてバブルの条件が整うと、ＩＴバブル、住宅バブルとアメリカ金融帝国でも立て続けにバブルが引き起こされていくようになりました。

▼「自由化」の正体

ところで、金融の自由化や貿易の自由化はグローバリゼーション礼賛者がよく言う「ウィン・ウィン」の関係にあるわけではありません。元来、自由貿易からして貿易がお互いに利益をもたらすというのはごく限られた条件でしか成立しないのです。

たとえば、イギリスは一八世紀半ばからインドを支配下において、インドから綿花を輸入していたのですが、そのインドの一人あたりＧＤＰは一七〇〇年に五五〇ドル（一九九〇年国際ドル、インフレと為替変動を調整した後の数字）でした。ところが、大英帝国の絶頂期だった一八七〇年には五三三ドルへと減少しているのです（Angus Maddison, *The World Economy*）。

ウォーラーステインは『近代世界システムⅣ』で自由主義者について次のように指摘し

ています。「自由貿易は、じっさい、もうひとつの保護主義でしかなかった。つまり、それは、その時点で経済効率に勝っていた国のための保護主義だったのである」。そして、「自由主義は、最弱の者と自由に競争でき、抗争の主役ではなく、犠牲者であるにすぎないか弱い大衆を搾取できる完璧な力を、最強の者に与えたかったのである」と。

金融の自由化も同じ考え方で実施されたのです。現代の「新自由主義者」たちは一九世紀の自由主義者の後継者なのですから、最弱の貧者は自己責任で住宅を奪われ、最強の富者は公的資金で財産は保護されたのです。

このように歴史の危機において繰り返し起きる金融バブルを景気循環のなかでの一過性のものだと捉えている限り、資本主義の本質を見ぬくことはできません。

なぜならバブルとは、資本主義の限界と矛盾とを覆い隠すために、引き起こされるものだからです。

資本主義の限界とは、資本の実物投資の利潤率が低下し、資本の拡大再生産ができなくなってしまうことです。たとえば、工場を建てて一〇年で回収して得られる利潤率や、オフィスビルや住宅を建築して三〇年で得られる利潤率が著しく低下し、投資家や資本家はもはや実物経済では稼げない。そのため、土地や証券といった「電子・金融空間」にマネーを注ぎ込み、バブルを引き起こすことで、資本主義が正常運転しているかのような偽装を図るのです。

しかし、「地理的・物的空間」での利潤率低下を覆い隠そうとしてバブルに突入したという点で偽装ですから、すぐにその矛盾はバブル崩壊という形で露呈します。

バブルが崩壊すれば二年間分のGDP（雇用者報酬と企業利潤の合計）の成長を打ち消して有り余るぐらいに信用収縮が起き、名目GDPが縮小します。そして、バブル崩壊の後に待っているのが、賃金の減少や失業です。それに対処するという名目で国債の増発とゼロ金利政策が行われ、超低金利時代と国家債務膨張の時代へと突入していきます。

利潤極大化を最大のゴールとする資本主義は、自らがよって立つ原理、すなわち、資本の自己増殖のためにバブル経済化も厭わないことによって、超低金利というさらなる利潤率の低下を招いてしまうのです。

▼資本の絶対的優位を目指すグローバリズム

一九九一年のバブル崩壊後の日本は、長期停滞と同時にグローバリゼーションの波にも巻き込まれていくことになります。一九九五年に国際資本の完全移動性が実現すると、資本は国境を越えて、利潤の極大化を目指すようになりました。

ただでさえバブル崩壊不況に陥っていた日本は、この金融グローバリゼーションに巻き込まれることで、より一層、資本主義の矛盾を露呈させていくのです。

つまり、バブル生成とその崩壊も、グローバリゼーションも、もとをただせば一九七〇年代半ば以降のフロンティアの消滅に起因していることですから、日本は先進国グループに先立って、資本主義の最終局面を迎えることになったわけです。

その顕著な現象は、「利子率革命」によって引き起こされる「景気と所得の分離」です。日本では一九九〇年代後半から実質賃金の低下が始まりますが、それがバブル崩壊だけによるものならば、景気回復とともに賃金水準も回復していくはずです。

しかし、現実には二〇〇二年から二〇〇八年にかけて、戦後最長の景気回復があったにもかかわらず、賃金は減少しました（図10・七七ページ）。そして日本だけでなく、英米でも同様に、景気と所得との分離が確認されています。

したがって資本主義の最終局面では、経済成長と賃金との分離は必然的な現象なのです。換言すれば、このままグローバル資本主義を維持しようとすれば、「雇用なき経済成長」という悪夢を見続けなければならないということです。

そのことを雄弁に物語るのが、一九九〇年代後半以降の日本の労働政策です。一九九九年には労働者派遣法が改正され、製造業などを除き派遣対象業務の制限が撤廃されました。二〇〇四年になると、製造業への派遣も自由化されます。

資本の絶対的優位を目指すグローバリズムにとっては、人件費の変動費化を実現するには労働市場の規制緩和は不可欠だったのです。グローバリゼーションに対応して生産拠点を海外に容易に移せるようになった大企業と、企業のようには容易に働く場所を変えられない雇用者の力関係を考えるとわかるように、労働市場の規制緩和は総人件費抑制の有力な手段として独り歩きするようになったわけです。

労働市場の規制緩和は本来、労働の多様化の要請に応えて導入されたものです。すなわち、半年間だけ働きたいというような人に柔軟な労働機会を提供する、労働者に便宜をはかるものだったはずなのですが、企業は利潤が低下するとバブル経済に依存を強め、そのバブルが崩壊すると、企業リストラのために、派遣社員の大量の雇い止めを実施したのです。

どんな立派な法律も、為政者が時代認識をしっかりともっていないと、その立法趣旨とかけ離れて利用されてしまうのです。

▼金融緩和をしてもデフレは脱却できない

日本は近代の延命レースでトップを走ったがゆえに、その矛盾を体現していることの内実が、これでおわかりいただけただろうと思います。

「雇用なき経済成長」でしか資本主義を維持できなくなった現在、経済成長を目的とする経済政策は、危機の濃度をさらに高めることにしか寄与しないでしょう。その格好の事例を今まさに現在進行形で展開しているアベノミクスに見て取ることができます。

二〇一二年一二月に発足した安倍晋三《あべしんぞう》政権のもと、政権が声高に叫んできたデフレ脱却はまだ果たせていません。二〇一三年六月から消費者物価指数（総合：生鮮食品を除いた数値）が、前年同月比でわずかにプラスに傾きました。しかし、これは円安による資源高の影響にすぎません。円安によって物価は確かにプラスに転じたのですが、肝心の賃金はそれに見合って上昇していないのです。二〇一三年一二月の実質賃金は前年同月比で一・一％減となって、二〇一二年の〇・七％減（前年比）、二〇一三年の〇・五％減と比べてマイナス幅が拡大しているのが実状です。

そして、アベノミクスの第一の矢、金融緩和によるデフレ脱却はできないと私は考えています。

貨幣数量説にしたがえば、金融緩和政策とは、v（流通速度）が長期的には一定値をとるとの想定のもとで、M（貨幣数量）を増やして、P（物価水準）を上昇させようとすることを言います。この貨幣数量説は、国際資本の完全移動性が実現する一九九五年以前であれば、一定の説得力がありました。金融緩和でM（貨幣数量）を増やせば、第一章の図5（三三ページ）の上の部分で示したX－Y空間の拡大（＝名目GDPの増大）につながったのです。実質GDPは短期的には供給力に制約があるので、X－Y空間の拡大は物価上昇をもたらすのです。

しかし、グローバリゼーションが進み、資本が国境を越えて自由に移動できるようになった一九九五年以降は、そのようにいくらマネーを増やしても物価上昇にはつながらない。グローバリゼーションで図5の下の部分のような世界になると、X－Y－Z空間はMの増加によってZ軸が上に伸びる（＝資産価格の上昇）ことで膨張することになります。

つまり、貨幣数量説から導かれる「インフレ（およびデフレ）は貨幣現象である」というテーゼは、国民国家という閉じた経済の枠内でしか成立しないのです。皮肉なことに、マネタリストが金融のグローバリゼーションを進めてきたがゆえに、自ら「インフレは貨幣現象である」というテーゼを成り立たせなくしているのです。

したがって、貨幣が増加しても、それは金融・資本市場で吸収され、資産バブルの生成を加速させるだけです。そしてバブルが崩壊すれば、巨大な信用収縮が起こり、そのしわ寄せが雇用に集中するのはすでに見た通りです。

▼積極財政政策が賃金を削る理由

ではアベノミクスの第二の矢である積極的な財政出動は有効でしょうか。

それも無意味であることは、九〇年代以降の日本が実証しています。一九九二年の宮澤喜一内閣以来、歴代政権が切れ目のない総需要対策で二〇〇兆円以上もの外生需要を追加しても、日本経済を内需中心の持続的成長軌道に乗せることはできませんでした。理由は明らかで、すでに経済が需要の飽和点に達していたからです。

二〇〇二年から〇八年に至る戦後最長の景気拡大期において、実質GDPが年平均二・一%と、一・〇%台前半と試算される潜在成長率を上回って成長できたのは、アメリカのバブルや新興国の近代化に牽引《けんいん》された外需主導の拡大にすぎません。当時は、一見、日本の「失われた一〇年」が終わったかのように思われましたが、実際には景気は輸出主導で回復しただけであって、個人消費支出と民間住宅投資を合わせた個人部門は、同期間に〇・六%（年率）しか伸びず、戦後の景気回復のなかでもっとも増加率が低かったのです。

その後、リーマン・ショック（二〇〇八年九月）で外需がしぼむと、日本は深刻な不況に陥りました。リーマン・ショックの打撃を受けて、日本が震源地のアメリカ以上に実質GDPが落ち込むのはおかしい、とも言われたのですが、そんなことはありません。日本の大企業・製造業、すなわち「〝輸出〟日本株式会社」と米国「世界の〝投資〟銀行」は表裏一体の関係にあったのです。米国「世界の〝投資〟銀行」がつくった幻の購買力に、巨大な供給力を有する日本の製造業が自動車など高級品を中心に輸出を大幅に増やしたのです。

さらに、財政出動は「雇用なき経済成長」の元凶にもなってしまいます。というのは、公共投資を増やす積極財政政策は、過剰設備を維持するために固定資本減耗を一層膨らまし、ひいては賃金を圧迫することになるからです。このことを二〇〇二年以降の景気回復期を例に具体的に説明してみましょう。

二〇〇二年一月を景気の「谷」として、二〇〇八年二月を「山」とする七三ヵ月の景気回復を通じて、製造業の名目GDPは二・七兆円増加しました。

しかし、このプラス成長の中身を詳しく見る必要があります。名目GDPは、分配サイドから見ると、大きくわけて図13のように、④固定資本減耗、⑤雇用者報酬、⑥営業余剰・混合所得（＝企業利益）の三つに分配されますが、この景気回復の間に、製造業の固定資本減耗が一・五兆円も増加しています。

図13 製造業における名目GDPの内訳

生産サイド			
	①産出額	②中間投入	③名目GDP（③=①−②）
2002年	272.7兆円	176.8兆円	95.9兆円
2008年	341.3兆円	242.7兆円	98.7兆円
増減額	+68.6兆円	+65.9兆円	+2.7兆円

分配サイド（③=④+⑤+⑥+純間接税）			
	④固定資本減耗	⑤雇用者報酬	⑥営業余剰・混合所得
2002年	19.6兆円	54.9兆円	8.7兆円
2008年	21.1兆円	53.4兆円	11.4兆円
増減額	+1.5兆円	−1.5兆円	+2.7兆円

内閣府「国民経済計算確報」をもとに作成

この増加の原因は「過剰設備」です。かつての過剰な設備投資のせいで、工場や設備を維持するコストが高くついているのです。

二・七兆円という名目GDP（付加価値）の増加額のうち、内訳項目のひとつである④固定資本減耗が一・五兆円も増加すれば、残りの⑤雇用者報酬と⑥営業余剰・混合所得（＝企業利益）の合計は、一・二兆円にしかなりません。

では、この二項目に対する分配はどうなったのでしょうか。

⑥営業余剰・混合所得（＝企業利益）を二・七兆円増加させた一方で、⑤雇用者報酬は一・五兆円も減少したのです。

なぜこのような分配がおこなわれたのか。その理由は、(定義のうえでは)戦後最長の景気回復期に、企業利益(営業余剰)を確保し、配当を増やさないでいれば、企業経営者は翌年の株主総会でクビになってしまうからです。つまり、企業経営者は配当を増やすために雇用者報酬を削減したのです。

かつての日本経済の姿と異なり、二一世紀の日本では、景気回復は株主のためのものとなり、雇用者のためのものではなくなったのです。

そして、雇用者報酬の減少のそもそもの原因は、過剰設備の維持のためだったということになります。過剰な固定資本減耗を減らすには、設備廃棄をして物理的に消滅させるか、あるいはM&Aなどで海外企業に売却するしかありません。

後者の場合、個別企業のレベルでは有効な策ですが、日本全体、とくに世界レベルで過剰な場合には解決策になりません。M&Aでは工場設備の総量は不変ですので、新しい経営者はこれまでと違った方法で工場を稼働させなければ利益が出ないため、賃金がさらに削減されかねません。

一方、前者の物理的な設備廃棄の場合、たいていは除却損が発生します。企業が剰余金を豊富に抱えていればいいのですが、個々の企業になると、除却損を出す企業は剰余金も使い果たしている可能性があって、企業経営者としては経営責任が明らかになるのでなかなか踏みきれません。しかも、設備には無人工場は別として雇用が伴っていますから、設備廃棄は雇用削減を生みます。

そしてもちろん「日本株式会社」の場合、つまり日本経済全体として見た場合、リストラをすることは事実上不可能です。一企業のリストラと違って、雇用の受け皿がないからです。

いずれにしても、現在の日本では、財政出動によって設備投資を拡大させると、その撤退に大きな代償を払わざるをえない。企業設備は本来、付加価値（名目GDP）を生み出すためのものですが、自らの設備を維持・補修するための費用の増加分が名目GDPの増加分の半分以上を占め、わずかな利潤しか生み出しません。「日本株式会社」の経営は失敗していると言ってよいでしょう。

しかし、経営者は誰一人として責任を取ろうとはしません。それどころか、「六重苦」などと言って、外部環境や政策のせいにしています。

▼構造改革や積極財政では近代の危機は乗り越えられない

以上見たように、量的緩和政策は実物経済に反映されず、資産価格を上昇させてバブルをもたらすだけです。一方、公共投資を増やす積極財政政策は、過剰設備を維持するために固定資本減耗を一層膨らますことになります。

そしてこのふたつの経済政策はどちらも雇用者の賃金を犠牲にすることになります。量的緩和のあとバブルが崩壊すれば、企業リストラと称して急激な賃金引き下げや大量失業を招きますし、積極財政のあと景気回復すると、先ほど説明したように、固定資本減耗と営業余剰を合わせた増加額が、付加価値の増加を上回ってしまい、賃金が抑制されることになるからです。

だとしたら、たとえば、日本の得意分野である「モノづくり」で実物経済をもう一度建て直せばいいじゃないか、という反論が聞こえてきそうです。

しかしながら、それも時代の逆行にすぎません。グローバリゼーションによって、新興国が成長を追い求めている現在の状況では、先進国が製造業を復活させることはほとんど不可能なのです。

それを無理やりにでも改革しようとするのが、構造改革と呼ばれるものです。既存のシステムがうまく機能しなくなると、時の為政者が構造改革を断行したがるのはいつの時代にも見られることでした。

しかし、大構造改革もまた失敗するのが歴史の常です。

既存のシステムはこれ以上「膨張」できないために機能不全に陥っています。それにもかかわらず、既存のシステムを強化したところで新しい「空間」は見つかりません。改革者の意に反して、既存のシステムの寿命を縮め、時代の歯車をいっそう早回しすることになります。

我々はもう少し歴史から学ぶべきです。

一六世紀のスペイン帝国では、フェリペ二世が何度も財政破綻宣言をしています。当時、スペイン帝国は領土の拡大を求めて、借金をしてはポルトガルやフランスに攻め込んでいきました。その戦費がかさんで財政破綻を繰り返すわけですが、私の目には現在の先進国の動向と非常に似ているように感じられます。

「長い一六世紀」のスペイン帝国が戦争を繰り返したのは、当時、社会のシステムが転換しようとしているにもかかわらず、過去のシステムを強化してなんとかしのごうとしたからです。たとえばフェリペ四世のもと実権を握ったオリバーレスは一六二二年に中央集権的王政の実現、すなわち帝国システムの強化を企図して大構造改革を断行しましたが、それも大失敗に終わりました。

既存のシステム（当時は帝国システム）が機能不全に陥っているとき、既存システムを維持・強化しようとすれば失敗するのは明らかです。以降、スペインは歴史の表舞台からは姿を消していきます。

ひるがえって現在の日本も、インフレ目標政策（第一の矢）、公共投資（第二の矢）、そして法人税の減税や規制緩和（第三の矢）など総動員して、なんとか近代システム（成長）を維持・強化しようとやっきですが、その過程で中間層の没落が始まっているのです。

いえ、日本に限らず、先進国全体の経済政策を見ても、スペイン帝国が戦争に邁進したものの、結局、財政破綻を免れることができなかった道筋によく似ているように思うのです。

つまり、アベノミクスの積極財政政策は過剰な資本ストックを一層過剰にするだけなのです。

スペインは中世の領土拡大モデルをそのまま強化したあげく、財政破綻に陥りました。同様に、現在の先進国は、成長信仰をそのまま強化したあげく、財政危機に陥っています。

成長を信奉する限り、それは近代システムの枠内にとどまっており、近代システムが機能不全に陥っているときにそれを強化する成長戦略はどのような構造改革であっても、近代の危機を乗り越えることはできません。

このような袋小路に陥ってしまうのは、いまだに「成長がすべての怪我を癒やす」という近代資本主義の価値観に引きずられているからです。しかし、成長に期待をかければかけるほど、すなわち資本が前進しようとすればするほど、雇用を犠牲にするのです。グローバリゼーションがもたらす資源価格の高騰によって、先進国は実物経済から高い利潤をあげることはできない。その現実から目をそらして、なお過去の成長イデオロギーにすがりついたまま猛進すれば、日本の中間層はこぞって没落せざるをえません。

▼ケインズの警鐘

成長を求めるほど危機を呼び寄せてしまう現在、私たちは、近代そのものを見直して、脱成長システム、ポスト近代システムを見据えなければいけません。

経済学者の高橋伸彰は、『ケインズはこう言った』のなかで、金利を下げられない国も、金利が下がっても不平・不満がなくならない国も、どちらも文明が破綻するというケインズの指摘を紹介しています。

欧州危機以降、ギリシャなどの南欧諸国は、国債金利を下げられません。国の信用が失われ、大幅に上乗せ（リスク・プレミアム）した金利でないと資金調達ができずに苦しんでいます。一方で、日米英独仏ら経済大国の国債金利は低下していますが、国内の不平・不満がなくなるどころか、ますます高まっています。

私なりに解釈すれば、利子率の低下とは、資本主義の卒業証書のようなものです。したがって、金利を下げられない国は、まだ資本主義を卒業できていない状態にあり、金利が下がっても不平・不満がなくならない国は、卒業すべきなのに「卒業したくない」と駄々をこねている状態です。

近代引きこもり症候群の人たちが政界や実業界で実権を握って、近代システムの弊害が見えるがゆえに実際に引きこもっている若い人に、なにを内向きな考え方をしているのだと、非難しているのが今の日本です。まさに「倒錯日本」なのです。

低金利であるということ、つまりゼロ金利に近づくということは、次のように解釈できるはずです。もともと利子は、神に帰属していた「時間」を人間が所有することを意味していました。その結果、たどり着くゼロ金利というのは、先進国一二億人が神になることを意味します。これは、時間に縛られる必要から解放されたということ、「タイム・イズ・マネー」の時代が終焉を迎えるということです。

同様に「知」についても、中世までは神の独占物でした。近代になって、国家と大手マスメディアが「知」(情報)を独占していたのですが、インターネットやスマートフォンの普及により、先進国の人間は、世界中で何が起きているかを瞬時に知ることができるようになりました。これもまた、一二億人が神になったということです。

そういう意味では、資本主義とは、神の所有物を人間のものにしていくプロセスであり、それが今ようやく完成しつつあるというふうに解釈できるわけです。

▼ゼロ金利は資本主義卒業の証

ここでようやくこの章の冒頭の命題に戻ることができます。

私は「日本は新しいシステムを生み出すポテンシャルという点で、世界のなかでもっとも優位な立場にある」と言いました。その理由は、長らくゼロ金利が続いている日本は、おそらくもっとも早く資本主義の卒業資格を手にしている、と考えるからです。

私自身は、デフレも超低金利も経済低迷の元凶だと考えていません。両者のどちらも資本主義が成熟を迎えた証拠ですから、「退治」すべきものではなく、新たな経済システムを構築するための与件として考えなければならないものです。

私から見れば、デフレよりも雇用改善のない景気回復のほうが大問題です。雇用の荒廃は、民主的な資本の分配ができなくなったことを意味しますから、民主主義の崩壊を加速させます。そうなれば、新しいシステムの構築どころの話ではありません。雇用なき経済成長は、結果として日本そのものの地盤沈下を引き起こし、日本を政治的・経済的な焦土と化してしまう危険性すらあるのです。

したがって、アベノミクスのごとく過剰な金融緩和と財政出動、さらに規制緩和によって成長を追い求めることは、危機を加速させるだけであり、バブル崩壊と過剰設備によって国民の賃金はさらに削減されてしまうことになります。

もう資本主義というシステムは老朽化して、賞味期限が切れかかっています。しかも、二一世紀のグローバリゼーションによって、これまで先進国が享受してきた豊かさを新興国も追い求めるようになりました。そうなれば、地球上の資本が国家を見捨て、高い利潤を求めて新興国と「電子・金融空間」を駆け巡ります。

その結果、国民経済は崩壊して、先進国のみならず新興国においてもグローバル・エリートと称される一部の特権階級だけが富を独占することになるはずです。非正規雇用者が雇用者全体の三割を超え、年収二〇〇万円未満で働く人が給与所得者の二三・九%（一〇九〇万人）を占め（二〇一二年）、二人以上世帯で金融資産非保有が三一・〇%（二〇一三年）に達している日本の二極化も、今後グローバルな規模で進行していくのです。

このような危機を免れるためには、日米独仏英をはじめとした先進国は、「より速く、より遠くへ、より合理的に」を行動原理とした近代資本主義とは異なるシステムを構築しなければなりません。

すでにダンテは資本主義の黎明期《れいめいき》に、この危機を見抜いていました。最初の資本家が誕生した一二～一三世紀のイタリア・フィレンツェで、資本家が競って読んでいた小冊子に『商業についての助言』というものがあり、そこには「貧乏人とは付き合うな。なぜなら、彼らに期待すべきものは何もないからだ」とあります。そうした風潮にダンテは異を唱えます。当時のおカネの単位は「フローリン」（「花」の意）ですが、彼はおカネを「神の僕《しもべ》をして道を誤らせる花」として、これに固執する人を「強欲で妬み深く、思い上がった手合い」と強く非難しました（ジャン・ドリュモー『ルネサンス文明』）。「強欲」資本主義はウォール街の専売特許ではなく、資本主義黎明期から内蔵されていたものだったのです。

▼前進するための「脱成長」

では、成長を求めない脱近代システムをつくるためにはどうすればいいのでしょうか。

その明確な解答を私は持ちあわせていません。というよりそれは一人でできるものではなく、中世から近代への転換時に、ホッブズ、デカルト、ニュートンらがいたように、現代の知性を総動員する必要があると思います。

ただ、少なくとも新しい制度設計ができ上がるまで、私たちは「破滅」を回避しなければなりません。そのためには、当面、資本主義の「強欲」と「過剰」にブレーキをかけることに専念する必要があります。

このように言うと、ひたすら現状維持をするように聞こえるかもしれませんが、現在の先進国の状況を考えると、現状維持ですら至難の業なのです。なぜなら、成長を求めてもバブルが崩壊すれば、莫大な債務を抱え込み、経済はバブル以前に比べて後退してしまいます。日本もアメリカも膨大な国家債務を抱えていますが、それは成長を過剰に追い求めた結果なのです。

一国の財政状況には、そのときどきの経済・社会構造が既存のシステムに適合しているかどうかが集約的に表れています。巨額の債務を恒常的に抱え込んでいるということは、すでに日本の経済・社会構造が資本主義システムには不適合であることの証です。

たしかに日本は、一〇〇〇兆円の国家債務に対して、民間にはそれに匹敵する個人資産があります。その意味では、借金の担保はありますが、国家の債務を民間の資産で相殺するようなことになれば、国家に対する信用は崩壊してしまいます。

資本主義を乗り越えるために日本がすべきことは、景気優先の成長主義から脱して、新しいシステムを構築することです。新しいシステムの具体像がみえないとき、財政でなすべきことは均衡させておくことです。実際に新しいシステムの方向性がみえてきたときに、巨額の赤字を抱えていたのでは、次の一歩が踏み出せないからです。それは単に増税・歳出カットで財政均衡を図ればいいということではなく、社会保障も含めてゼロ成長でも維持可能な財政制度を設計しなければいけない、ということです。

そしてもうひとつは、エネルギー問題の解消です。新興国の成長によって、世界的にはエネルギー多消費型の経済になり、資源価格が企業の収益をこれまで以上に圧迫するようになります。すでに説明したように、現在のデフレは交易条件の悪化によってもたらされているものであり、これを放置したままではゼロ成長どころか、極端なマイナス成長にもなりかねません。したがって、名目ＧＤＰを定常状態で維持するためには、国内で安いエネルギーを自給することが必要です。

「脱成長」や「ゼロ成長」というと、多くの人は後ろ向きの姿勢と捉えてしまいますが、そうではありません。いまや成長主義こそが「倒錯」しているのであって、結果として後ろを向くことになるのであり、それを食い止める前向きの指針が「脱成長」なのです。

第四章　西欧の終焉

▼欧州危機が告げる本当の危機とは？

ギリシャの財政崩壊に端を発する欧州危機は、ヨーロッパの大国であるスペイン、イタリアにまで波及し、なかなか解決の糸口がみえません。二〇一〇年から二〇一二年にかけて、ＰＩＩＧＳ諸国（ポルトガル、アイルランド、イタリア、ギリシャ、スペイン）では、財政危機が国債金利を高騰させ、金融機関の破綻、高い若年失業率など、解決すべき課題が山のように積み上がっていきました。

一時はギリシャのユーロ離脱論まで囁《ささや》かれる危機でしたが、ドイツを中心としたユーロ加盟国が、欧州市場の安定化に向けて救済処置を取った結果、現在の欧州経済は、小康状態を保っています。

ユーロ加盟国、とくにその中核であるドイツがギリシャを見捨てなかった理由ははっきりとしています。ユーロは経済同盟というよりも政治同盟であり、最終的にはドイツ第四帝国の性格を強めていくからです。このことを見逃して、現状おこなわれているＰＩＩＧＳ諸国への支援の成否だけを論じても、欧州危機の本質は理解できません。

重要なのは、この欧州危機が単なる経済危機ではなく、西洋文明の根幹に関わる問題である、と認識することです。今、欧州を襲っている危機は、リーマン・ショックをはるかに超える「歴史の危機」であり、近代資本主義の危機がますます深化していることを告げているだけでなく、西洋文明そのものの「終焉の始まり」である可能性すらあるのです。

▼英米「資本」帝国と独仏「領土」帝国

そもそもＥＵ（欧州連合）はどのような性格を帯びているのか。このことは、シュミットが言うところの「海の国」であるアメリカ、イギリスと対比すると明確になります。

すでに説明したように、一九七四年から始まる利子率＝利潤率の低下に対して、アメリカは、ＩＴと結びついた「電子・金融空間」をつくり出すことによって新たな利潤の獲得を図りました。すなわち、金融のグローバリゼーションを通じて、各国に金融の自由化を求め、世界の金融資本市場で創出されたマネーを吸い上げ、金融帝国＝「資本」帝国として君臨しようとしたわけです。

この段階に突入してからは、資本と国家の関係が非常に大きな変化を遂げました。ＩＴ

技術の進化によって、資本は国境を自由に移動することができるようになったわけですから、資本としては、国家の制約から極力自由になりたい。それに対応するように、アメリカは国民国家から「資本」が主役となった帝国システムへと変貌していったわけです。

「海の国」である英米が覇権を握った海の時代の特徴は、政治的に領土を直接支配することなく、資本を「蒐集《しゅうしゅう》（コレクション）」していった点が挙げられます。

一方、「陸の国」であるドイツとフランスは、英米のような「資本」帝国への道は選ばず、ヨーロッパ統合という理念にもとづいた「領土」の帝国化へと向かいます。もちろんドイツやフランスも、銀行は金融空間のプレイヤーになりますが、アメリカのように政治と経済は一体化していない。英米の場合、市場を支配することが政治そのものと言えます。だからウォール街とホワイトハウスは表裏一体の関係にあるわけです。

この海と陸の概念を使って、ＥＵの基本的性格を説明すれば、「陸の国」である独仏の「領土」帝国であるということです。独仏が手を携えて、単一通貨ユーロを導入し、共同市場を拡大させていく。そのプロセスのなかで、国民国家は徐々に鳴りを潜め、ヨーロッパはユーロ帝国という性格が色濃くなっていきます。したがって、ドイツ銀行がいくら

「電子・金融空間」で稼いでも、ベルリン政府の最大の関心事はヨーロッパの「領土」帝国化にあるのです。

▼新中世主義の躓《つまず》き

こうした独仏の「領土」帝国という観点から見たとき、欧州危機は、どのように読み解くことができるでしょうか。

具体的にはこういうことです。シュミットは『陸と海と』のなかで、世界史とは「陸と海のたたかい」である、と述べています。

シュミットの図式にしたがえば、近代ヨーロッパの歴史を理解するうえでもっとも重要なターニング・ポイントとなったのは、一六世紀から一七世紀にかけて「海の国」イギリス（英国教会）と「陸の国」スペイン（ローマ・カトリック）の間で起こった戦争でした。

当時のスペインは陸地の領土にもとづいた帝国で、ローマ・カトリックの権威と帝国の軍事力（権力）によって中世の社会秩序の中心にありました。スペインに対抗した新興国のイギリスは、海洋貿易（市場）を通じて領土から自由な海の空間を制覇することで、新たな覇権国家になったのです。

つまり、近代とは、「海の国」が「陸の国」に勝利することで幕が開いた時代です。しかし現在の状況は、「海の国」であるアメリカの覇権体制が崩壊し、EU、中国、ロシアといった「陸の国」が台頭しつつあります。

中国、ロシアは、まだ国内の近代化を推し進めて、経済発展をする余地が残されている新興国です。しかし、問題なのは、世界経済の主軸のEU、その中心であるドイツとフランスです。ドイツもフランスも、すでに近代化のピークを越え、脱近代に足を一歩踏み入れている先進国です。このような国が、再び「海の国」にあらがって、台頭していこうと考えたときに、取りうる選択肢というものが、「ユーロ帝国」だったわけです。そして、この帝国構築への道のりは、近代の主権国家システムを超えていく方向性をもっていたかのように見えました。

その方向性とは、国際政治学者のヘドリー・ブルが主権国家システムを超える形態のひとつとして指摘した「新中世主義」というものです。ブルは、著書『国際社会論』のなかで、主権国家システムを超える形態として、次の五つを挙げています。

①システムであるが社会ではない
②国家の集合であるがシステムではない
③世界政府
④新中世主義
⑤非歴史的選択肢

①〜③の反対にある概念が、近代を成立させているものです。そこで、近代概念をひとつずつはずしたものが①〜③なのです。

①「システムであるが社会ではない」は、複数の主権国家は存在するけれど、国際社会が構成されていないような状態です。つまり、主権国家間がホッブズの言う自然状態、闘争状態の関係になっている。②「国家の集合であるがシステムではない」は、主権国家が相互の関係をもたない状態です。これはエマニュエル・トッドの言う保護主義に近い。③「世界政府」は文字通り世界が単一の独裁政府となることです。

⑤「非歴史的選択肢」はこれまでの過去からはまったく考えられないような形態のことを言っています。

そして、現在のEUに近い④の「新中世主義」について、ブルは次のように書いています。

「主権国家が消滅して、世界政府ではなく、中世の西洋キリスト教世界に存在したような普遍的政治組織の近代的・世俗的な相当物が、それに取って代わることも考えられる」

「もし近代国家が、主権概念がもはや当てはまらなくなるほど、その市民に対する権威と彼らの忠誠心を集める能力を、一方で地域的・世界的権威と、他方で国家・民族の下位にある権威と、共有するようになるとすれば、新中世的な普遍的政治秩序の形態が登場したと言えるであろう」

ここでブルが言っている「新中世的な普遍的政治秩序」とは、キリスト教的価値観に支配された中世の神聖ローマ帝国のように、共通の価値観にもとづいて成立する普遍的な政治組織のもとで、複数の国家や地域の権威が重層的に折り重なっているような秩序のことです。簡単に言えば、権威（ローマ教会）と権力（スペイン皇帝）の分離です。

『国際社会論』の原著は一九七七年の発刊で、いわば近代の終わりの始まりという時期に書かれています。それを考えると、非常に予言的な書だったわけですが、今述べたように、ユーロ帝国というのは、「新中世主義」という主権国家システムを超える萌芽《ほうが》を宿しているのです。

これらの形態のうち、①「システムであるが社会ではない」と③「世界政府」に現実性はありません。

②「国家の集合であるがシステムではない」は国によっては、実現可能性はあります。EUは域内でエネルギーと食糧を互いに融通することができ、保護主義でもやっていけます。しかし、小国やあるいは日本のような国の場合は、没交渉の世界を生き抜くことはできません。

だからこそ、④の「新中世主義」の可能性が、世界に先駆けてユーロ帝国で試されてきたわけです。しかし、それが今、独仏が「蒐集」したはずのギリシャなど南欧諸国の思わぬ反乱にあっています。それが今回の欧州危機の深刻さの表れなのです。

▼欧州危機がリーマン・ショックよりも深刻である理由

ブルの問題意識を私なりに引き継いでみましょう。

主権国家システムが支持されるのは、それが国民にも富を分配する機能をもつからでした。近代初期の絶対王政では資本と国家は一体化しているものの、まだ国民は登場していません。その後、市民革命を経て、資本主義と民主主義が一体化します。市民革命が起きてからは、主権在民の時代となり、国民が中産階級化していきます。このように資本主義と民主主義が一体化したからこそ、主権国家システムは維持されてきたのです。

しかし、グローバル化した世界経済では、国民国家は資本に振り回され、国民が資本の使用人のような役割をさせられることになってしまっています。巨大な資本の動きに対して、国民国家ではもはや対応できない。そこで、「国民」という枠組みを取り払って国家を大きくすることによってグローバリゼーションに対応しようとしたのがEU方式だと言うことができます。

ブルの新中世主義を経済的な側面から見るならば、成果を総取りするグローバル資本主義に対する対抗策として考えることができるわけです。

しかしながら、ＥＵですら結局は資本の論理に巻き込まれてしまう。第一章でもふれたように、ドイツの社会学者ベックは先にあげた『ユーロ消滅？——ドイツ化するヨーロッパへの警告』のなかで非常に鋭い指摘をしています。

「富者と銀行には国家社会主義で臨むが、中間層と貧者には新自由主義で臨む」と。

この言葉は、ＥＵそのものにも当てはまってしまうのです。

同じ書でベックが「二五歳以下のヨーロッパ人のほぼ四人に一人に職がない。また多くの人々が期間の限定された低賃金労働契約に基づいて働いている。アイルランドやイタリアでは二五歳以下の約三分の一が失業していると公表され、ギリシアやスペインでは若年の失業率は、二〇一二年六月には五三％に達している」と報告しているように、近代資本主義の限界を乗り越える試みであったＥＵでさえ、資本の論理を乗り越えることはできていないのです。

このように、ユーロが舵を切ったかに思われた「新中世主義」が行き詰まっているという事態は、文明史的にリーマン・ショックよりもはるかに深刻な意味を帯びています。

リーマン・ショックだけであれば、近代の限界ということだと思います。つまり一六世紀のイギリスから始まった「海の時代」がアメリカへと引き継がれ、それが崩壊の兆しを見せているということです。

しかし、EUの新中世主義が行き詰まっているということは、海の国の衰退、すなわち近代の限界に加えて、古代ローマ帝国から連綿と続いてきた「蒐集」が止まることを意味します。それはヨーロッパの死を意味することにほかなりません。

美術史家のジョン・エルスナーとケント大学教授のロジャー・カーディナルは『蒐集』のなかで「帝国とは諸国、諸民族を集めた一コレクション」であると述べています。彼らの言葉にしたがえば、ヨーロッパの歴史とは「蒐集」の歴史であり、ヨーロッパ初の「蒐集」はノアの方舟《はこぶね》だと言います。それ以来、中世キリスト教は魂を「蒐集」し、近代資本主義はモノを「蒐集」してきました。したがって、「蒐集」という概念がヨーロッパ精神そのものを形作ってきたわけです。

海の時代とともに始まった近代資本主義は、マネーを「蒐集」するためのもっとも効率のいい仕組みでした。英米が覇権を握った海の時代の特徴は、領土を直接支配することなく、資本を「蒐集」していった点が挙げられます。資本主義が成立する以前の古代、中世の時代では、利益を「蒐集」するためには、領土を拡大しないといけなかった。しかし、それにはコストがかかります。

そこで英米は、海洋空間を支配し、そしてその空間がヴェトナム戦争で広がらなくなると「電子・金融空間」を支配することでマネーを「蒐集」することに向かったのですが、リーマン・ショックは、そうした「近代の帝国」の没落を示唆する出来事でした。

一方、EUが向かっている帝国とは、「新中世主義」の性質が色濃いことからも明らかなように、「近代の帝国」という範疇《はんちゅう》では理解できません。なぜならば、ユーロ帝国は、資本にも軍事にも依存せず、「理念」によって領土を「蒐集」する帝国だからです。

▼それでもドイツは「蒐集」をやめない

このような見方に立つと、ドイツはそう簡単にギリシャを見捨てることはしないだろうと私には思えます。なぜなら、ギリシャがユーロ帝国から離脱すれば、独仏帝国の理念とも言える領土の「蒐集」という運動が停止してしまうからです。それはEUの自己否定になりますから、一九一八年にオスヴァルト・シュペングラーが著した『西洋の没落』から「西洋の終焉」へと向かうことになります。

政治的な駆け引きはあるにせよ、最終的には危機に陥ったユーロ圏の国々は救済されています。そして今後も、ドイツがギリシャやスペインの負債を一部肩代わりせざるをえないと思います。結局、ドイツがPIIGS諸国を救済せざるをえないのは、ヨーロッパの理念である「蒐集」をやめることができないからなのです。

したがって「ユーロは財政的な統一ができていないから、破綻するのは当然なんだ」という批判は表層的なように思えてきます。

独仏が目指す領土空間の「蒐集」とは、すなわちヨーロッパの政治統合です。後述のマーストリヒト条約の果たした役割は、「経済連合」の性格が強かったECを、政治統合であるEUへと変えたことにあります。コール独首相であれミッテラン仏大統領であれ、彼らにしてみれば経済統合など二の次で、政治統合が最優先の課題としてあったのでしょう。

ですから、「財政統合ができていない」という批判は百も承知だったはずです。逆に言えば、財政統合を真っ先に掲げてしまったら、PIIGS諸国はドイツに牛耳られると思って、最初から乗ってこない。それもおりこみ済みだったのでしょう。

振り返れば、一九九〇年に東西ドイツが統合したとき、東独マルクと西独マルクは一対一のレートで通貨統合を果たしました。当時の経済力を見れば、西ドイツのほうが圧倒的に強い。実質的なレートでは一〇倍くらい違っていました。ですから、一対一のレートで通貨統合すれば、西ドイツは大損になってしまいます。

しかし、そうした経済合理性は無視して、西ドイツは東ドイツと統合しました。つまり、経済的にはありえない選択肢を選んで、東西ドイツは統合したわけです。これも経済的な損得勘定よりも政治的な理念を優先させたことの証左と言えるでしょう。

したがって、現在の欧州危機によって、財政統合の必要性が唱えられることは、ドイツにとっては渡りに船の話かもしれません。ドイツは慎重な態度を示していますが、後ろ向きのポーズを見せていれば、条件はドイツに有利なものになっていきます。そうなると、ドイツは非常に安値でギリシャ議会をコントロールできるわけです。

▼古代から続く「欧州統一」というイデオロギー

もちろん、ユーロ共同債で一本化するという財政統合を実現するためには、ギリシャ、スペイン、イタリアに緊縮経済を迫って、金利を安定させる必要があります。結局、領土の「蒐集」を目指すドイツは、ある程度経済的なリスクを負っても、財政統合に向かうはずです。その段階で、近代的な主権国家の影はますます薄くなり、カール大帝以来のヨーロッパの政治的統一が現実味を帯びてくるのです。

「ヨーロッパ」はいつ誕生したかについて、歴史家マルク・ブロックは「ローマ帝国が崩壊したときヨーロッパが出現した」と言っています。おなじく、クシシトフ・ポミアンは「ローマ帝国に異民族《バルバロイ》が侵入してきたときからヨーロッパが歴史的存在となった」(『ヨーロッパとは何か』)と指摘しています。そして、ポミアンによれば、「異民族がローマ風の贅沢で身を包むには、代償としてローマ人に奴隷を供給しなくてはならなかった」(同)のです。そのためには方法はふたつしかなく「内部の不平等を増大させるか、異邦人を隷属させること、換言すれば、戦争状態の維持を可能にするために戦争を遂行すること」でした。

ヨーロッパの誕生それ自体が、奴隷を「蒐集」しなければ成立しえなかったのです。しかも、より贅沢な生活をするには、つねに「異邦人」をたくさん「蒐集」しなければいけなかったのです。「蒐集」は「過剰」に、「利潤」も「過剰」にというのがヨーロッパ文明だったことになります。

カール大帝のカロリング朝の領土はピレネー山脈からエルベ河までだったので、実はユーロ圏はカール大帝の版図よりも広いのです。ただ、リュシアン・フェーヴルは、「カール大帝の帝国の大いなる歴史的重要性は、すべての外的特徴とそれらに加えて多くの内的特徴とから見て、ローマ帝国と一線を画するヨーロッパ、歴史的ヨーロッパを予示するものだった」(『〝ヨーロッパ〟とは何か?』)と述べています。

スペイン国王であると同時に神聖ローマ皇帝でもあったハプスブルク家のカール五世は、オスマン帝国に対抗すべく、ヨーロッパの統一を図ろうとしました。近代のヨーロッパを振り返ってみても、ナポレオンの第一帝政、ナチス・ドイツもまたヨーロッパの統一を目指すものでした。

ヴィクトル・ユゴーは、一八四九年八月にパリで開催された国際平和会議の議長に選ばれ、その冒頭でヨーロッパ合衆国構想を打ち上げています。彼はこんなふうに語りました。「フランスの皆さん、イタリアの皆さん、イギリスの皆さん、ドイツの皆さん、（ヨーロッパ）大陸のすべての国がそれぞれの特質と栄光ある個性とを失うことなしにより次元の高い一体性を確立し、ヨーロッパが兄弟愛の絆《きずな》で結ばれる日が必ず到来します」

ユゴーの合衆国構想は、一〇〇年を経たのち、少しずつ現実化していきます。第二次世界大戦後の一九五二年に、ヨーロッパ石炭鉄鋼共同体（ECSC）が設立され、一九五八年には、フランス大統領のド・ゴールと西ドイツ首相のアデナウアーが会談し、両国の協力を宣言しました。一九六七年にはEUの前身であるEC（ヨーロッパ共同体）が発足。一九九二年二月七日にはマーストリヒト条約が調印され、統一通貨導入を決め、欧州連合（EU）の創設が定められました。

二〇〇二年には念願の単一通貨「ユーロ」が誕生。二一世紀に入ってから、バルト三国、ポーランド、チェコ、スロバキア、スロベニア、マルタ、キプロス、ハンガリー、ルーマニア、ブルガリア、クロアチアがEUに加わり、当初六ヵ国だった加盟国は現在二八ヵ国にまで拡大しました。こうして、独仏政治同盟は着々と「領土」の「蒐集」を続けてきたのです。

▼資本主義の起源から「過剰」は内蔵されていた

しかし、先述したように独仏の「領土帝国」も、英米の「資本帝国」同様、限界に近づいています。

現代の世界で起きている「帝国」化とは「蒐集」の終着地点です。二〇〇一年の九・一一同時多発テロ、二〇〇八年の九・一五のリーマン・ショック、二〇一一年の三・一一の大震災がもたらした原発事故、さらに現在の欧州危機は、いずれも過剰な「蒐集」がもたらした問題群なのです。

九・一一は、アメリカ金融帝国が第三世界から富を「蒐集」することに対する反抗ですし、九・一五は過剰にマネーを「蒐集」しようとした「電子・金融空間」が、自らのレバレッジの重みに耐え切れず自滅した結果、起きたことです。三・一一は、資源の高騰に対して、安価なエネルギーを「蒐集」しようとして起きた出来事でしょう。そして欧州危機はすでに述べたように、独仏同盟による領土の「蒐集」が招き寄せた危機だと言えます。

古代から続く「蒐集」の歴史のなかでもっとも効率的にそれをおこなってきた資本主義が、今や機能不全を起こしており、これ以上の過剰な「蒐集」をおこなおうとすれば、それは再び深い傷跡を地球上に残すことになるでしょう。

私は、資本主義がこのような「過剰」に行き着くのは、その起源に原因があるのだと考えます。

資本主義の始まりには、一二～一三世紀説、一五～一六世紀説、一八世紀説があります。一二～一三世紀説では利子の成立を資本主義が始まる根拠とします。一五～一六世紀説は、シュミットがいう「海賊資本主義」を国家がおこなったことが、一八世紀説では産業革命が、資本主義を始動させるメルクマールとされています。

このなかで、私は一二～一三世紀のイタリア・フィレンツェに資本主義の萌芽を認めることに説得力を感じています。というのも、この時期には、資本主義の勃興期を象徴するふたつの出来事があったからです。

第一は、「利子」が事実上、容認されるようになったことです。

本来キリスト教では金利を受け取ることは禁止されていました。正確に言えば、中世後期から「高利貸し」（中世では単数形でウスラ、複数形でウスラエ）が禁止されていました。聖ヒエロニムスが訳したラテン語の聖書によれば、「彼にウスラを目あてに金を貸してはならず、また過剰の糧を要求してはならない」とあります。つまり「過剰」を禁止しているのです。世俗界でもカール大帝が七八九年に聖職者ならびに一般信徒に対してウスラを禁止しています。その背景には、貨幣の使用と流通がまだ普及していなかったことがあります。

しかし、一二世紀を通じて貨幣経済が社会生活全般に浸透するようになると、イタリア・フィレンツェに資本家が登場し、金融が発達し始めるのです。メディチ家のような銀行は為替レートを利用してこっそりと利子を取っていました。利子とは時間に値段をつけることです。したがって、利子を取るという行為は、神の所有物である「時間」を、人間が奪い取ることにほかなりません。

そして一二一五年のラテラノ公会議では、次のようなおかしな理屈で利子が事実上、容認されたのです。

「利子が支払いの遅延にたいする代償、あるいは両替商や会計係の労働にたいする賃金、さらには、貸付資本の損失リスクの代価とみなされるときには、貨幣貸付けに報酬がなされてもよい、といささか偽善的に容認する。ただしあまりに《高い》利子は認められなかった。（中略）教会は、西欧では三三パーセントが貨幣の《正当な価格》の認可ぎりぎりの線だと認めた」（ジャック・アタリ『所有の歴史』）

一二～一三世紀の市場金利は一〇％程度です。それなのに、三三％を「正当な価格」ぎりぎりの線とするのは、明らかに「過剰」であり「強欲」です。そしてこのメンタリティは、現在の資本家とも共通しています。

第二点は、一二世紀にイタリアのボローニャ大学が、神聖ローマ皇帝から大学として認められたことです。一三世紀にはローマ法王からの認可も受けました。中世では「知」も神の所有物でしたが、ボローニャ大学の公認は、広く知識を普及することを意味しました。いわば「知」を神から人間に移転させる端緒が、ボローニャ大学の公認だったのです。

▼人類史上「蒐集」にもっとも適したシステム

このように見るならば、一二～一三世紀から「長い一六世紀」の起点である一五世紀までが資本主義の懐妊期間と位置づけられるのではないでしょうか。そして「時間」と「知」の所有の交代劇は、「長い一六世紀」に「海賊資本主義」と「出版資本主義」という形で結実します。

「時間」の所有、すなわち利潤の追求は、一六～一七世紀に、海賊国家とも言えるイギリスが「海」という新しい空間を独占することによって、途上国の資源をタダ同然で手に入れることのできる「実物投資空間」を拡大させていきました。

一方、「知」の所有については、宗教改革でラテン語から俗語への交代劇を実現させました。ラテン語は聖職者と一部の特権階級が独占していましたが、俗語が主役になることで、ベネディクト・アンダーソンが資本主義の本質とした「出版資本主義」が成立していったわけです。

この「時間」と「知」に対するあくなき所有欲は、ヨーロッパの本質的な理念である「蒐集」によって駆動されています。

「蒐集」は西欧の歴史においてもっとも重要な概念です。先にあげたエルスナーとカーディナル編著の『蒐集』によれば、「社会秩序それ自体が本質的に蒐集的」であり、支配層にとって社会秩序維持に勝るものはありませんから、最優先されるべきは「蒐集」ということになります。

先述したようにエルスナーらは「ノアの方舟のノアがコレクター第一号」とも言っていますから、キリスト教誕生以来、キリスト教は霊魂を、資本主義以前の帝国システムにおいては、軍事力を通じて領土、すなわち農産物を、そして資本主義は市場を通じて物質的なもの、最終的には利潤を「蒐集」するのです。したがって、ノアから歴史が始まったキリスト教社会にとって、資本主義は必然的にたどり着く先だったわけです。そして、資本主義とは人類史上「蒐集」にもっとも適したシステムだったからこそ、中世半ばになってローマ教会は「利子」や「知識の開放」など、本来禁じていたことを認めるようになったのです。

▼「中心／周辺」構造の末路

こうした「蒐集」の概念は、政治学者のマイケル・ドイルやウォーラーステインの言う

「中心／周辺」という枠組みともかかわっています。この枠組みは、中世の帝国システムでも近代の国民国家システムでも基本的に変わりません。そのときどきで「蒐集」にもっとも適したシステムを選択してきたのが西欧です。とりわけ、「蒐集」に抜群の効力を発揮する資本主義を西欧は発見し、さらに効率よく「蒐集」をおこなう「海の国」が覇権国家であり続けました。

また資本主義と一口に言っても、その時代時代に応じて、中身は異なります。資本主義が勃興する時代には重商主義でしたが、自国の工業力が他国を圧倒するようになると、自由貿易を主張し、他国が経済的に追随して自国を脅かすようになると植民地主義に代わり、ＩＴ技術と金融自由化が行き渡るとグローバリゼーションを推進したのです。

しかし、国民国家システムでは権力の源泉が民主主義にあり、帝国システムでは軍事力を一手に独占する皇帝にあるという違いはありますが、「中心／周辺」もしくは「中心／地方」という分割のもとで、富を中央に集中させる「蒐集」のシステムであるという点では共通しています。

そして、この「蒐集」のシステムから卒業しない限り、金融危機や原発事故のような形で、巨大な危機が再び訪れることになるでしょう。

「蒐集」をやめるということは、そう簡単ではありません。しかしながら、先進国がこぞってこれから長い超低金利時代を迎えることが予想されるのですから、これまで以上に「蒐集」が困難になることも真実です。

そのとき、先進国はどちらの方向に舵を切るのか。

ブルが掲げた五つの選択肢のなかで、五番目の非歴史的選択肢は、ブル自身もそれがどのようなものかを説明していません。

しかし、私はこの五番目の非歴史的選択肢が何であるのかに強く心を惹《ひ》かれています。EUが向かってきた新中世主義も足を引っ張られている今、この五番目の選択肢にしか、近代を超える可能性はないのかもしれません。

第五章　資本主義はいかにして終わるのか

▼資本主義の終焉

アメリカ、新興国、日本、欧州という順序で、それぞれの経済のなかで、どれほど資本主義の矛盾が蓄積しているかを見てきました。そして、その矛盾が、資本主義そのものの「終焉」の一歩手前まで蓄積していることがおわかりいただけたと思います。

では、資本主義は実際にいかにして「終焉」に向かっていくのか。「終焉」の後にはどのようなシステムが待ち受けているのか。そのことを、本章を通じて明らかにしていきたいと思います。

ここで今一度、資本主義とは何か、ということを確認しましょう。第四章で述べたように、資本主義とは、ヨーロッパの本質的な理念である「蒐集」にもっとも適したシステムです。別の言い方をすれば、西欧は「蒐集」のための最適のシステムとして、資本主義を発明したのです。

資本主義の性格は時代によって、重商主義であったり、自由貿易主義であったり、帝国主義であったり植民地主義であったりと変化してきました。ＩＴ技術が飛躍的に進歩し、金融の自由化が行き渡った二一世紀は、グローバリゼーションこそが資本主義の動脈と言えるでしょう。しかし、どの時代であっても、資本主義の本質は「中心／周辺」という分割にもとづいて、富やマネーを「周辺」から「蒐集」し、「中心」に集中させることには変わりありません。

しかし、このように二一世紀の資本主義を定義すると、「グローバリゼーションによって今まで先進国が独占してきた富が、途上国にも分配され、格差は縮小してきた。これは中心／周辺を分割するという考えと矛盾するのではないか」という批判が聞こえてきます。たしかにグローバリゼーションによって、経済的な意味での国境の壁は限りなく低くなり、先進国が独占していた富を、中国、インドをはじめとした新興国や資源国が取り戻そうとしています。データを見ても、実際、先進国と新興国の平均所得の格差は縮小しています。

▼近代の定員一五％ルール

けれども、グローバリゼーションをそのように捉えている限り、現在起きている現象の本質に迫ることはできません。というのは、資本主義と結びついたグローバリゼーションは、必ずや別の「周辺」を生み出すからです。

あらかじめ結論を言うならば、グローバル資本主義とは、国家の内側にある社会の均質性を消滅させ、国家の内側に「中心／周辺」を生み出していくシステムだといえます。

そもそも資本主義自体、その誕生以来、少数の人間が利益を独占するシステムでした。図14は高所得国の人口シェアを示したものです。ヨーロッパのためのグローバリゼーションの時代である一八七〇年から二〇〇一年までは、地球の全人口のうちの約一五％が豊かな生活を享受することができました。この一五％は、ヨーロッパ的資本主義を採用した国々で、当然アメリカや日本もそこに含まれています。日本の「一億総中流」が実現できたのもこの時代です。

しかし逆に言うと、このグラフは、世界総人口のうち豊かになれる上限定員は一五％前後であることを物語っています。二〇世紀までの一三〇年間は、先進国の一五％の人々が、残りの八五％から資源を安く輸入して、その利益を享受してきたわけです。

このように歴史を振り返れば、資本主義が決して世界のすべての人を豊かにできる仕組みではないことは明らかです。

図14　高所得国の世界人口に占める割合

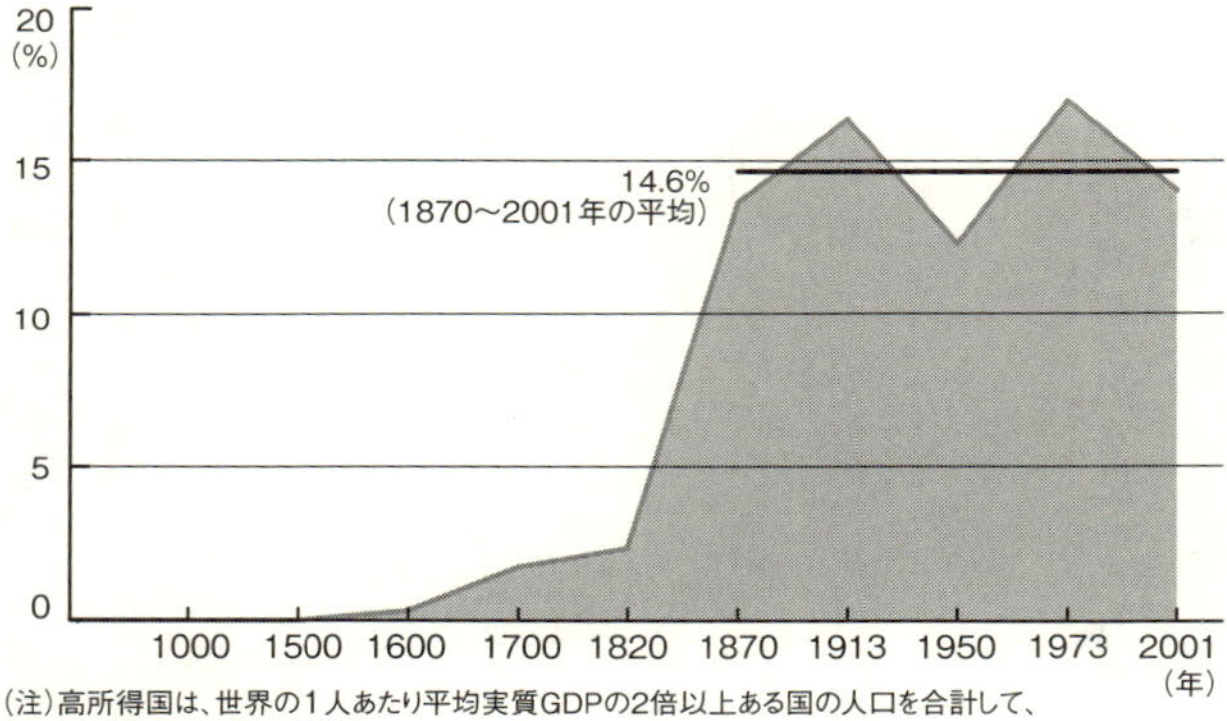

(注)高所得国は、世界の1人あたり平均実質GDPの2倍以上ある国の人口を合計して、世界総人口で割って計算
Angus Maddison, *The World Economy: Historical Statistics* をもとに作成

現在進行中の二一世紀のグローバリゼーションに、この一五%という定員の上限説を適用するとどうなるでしょうか。二〇世紀までの資本主義は、資源がタダ同然で手に入るという前提のもとで、先進国が富を総取りしていました。一方、全地球が均質化する現代では、新興国や途上国の五七億人全員が資本主義の恩恵を受けるチャンスがあるという「建前」で進んでいますが、それでは「安く仕入れて高く売る」という近代資本主義の成立条件は崩壊します。全員がグローバリゼーションで豊かになるのだ、というのは「建前」で、実際には安く仕入れる先はほとんど残されていません。

それでも資本主義は資本が自己増殖するプロセスですから、利潤を求めて新たなる「周辺」を生み出そうとします。しかし、現代の先進国にはもう海外に「周辺」はありません。そこで資本は、国内に無理やり「周辺」をつくり出し、利潤を確保しようとしているのです。

象徴的な例が第一章で述べたように、アメリカのサブプライム・ローンであり、日本の労働規制の緩和です。サブプライム・ローンでは「国内の低所得者」(周辺)を無理やり創出して、彼らに住宅ローンを貸しつけ、それを証券化することでウォール街(中心)が利益を独占していました。日本では労働規制を緩和して非正規雇用者を増やし、浮いた社会保険や福利厚生のコストを利益にするわけです。

アメリカや日本に限らず、今や世界のあらゆる国で格差が拡大しているのは、グローバル資本主義が必然的にもたらす状況だといえます。

▼ブレーキ役が資本主義を延命させた

むきだしの資本主義のもとでは、少数の者が利益を独占してしまう。現在の新自由主義者が唱えている規制緩和とは、要するに一部の強者が利潤を独占することが目的ですから、そのような政策を推進していけば、国境を越える巨額の資本や超グローバル企業だけが勝者となり、ドメスティックな企業や中流階級はこぞって敗者に転落していくに違いありません。

あらかじめ富める人の定員は一五％しかないのが資本主義ですが、曲がりなりにも今日まで存続してきたのは、その過程で資本主義の暴走にブレーキをかけた経済学者・思想家がいたからです。『道徳感情論』でお金持ちがより多くの富を求めるのは「徳の道」から堕落すると説いた一八世紀のアダム・スミス、『資本論』で資本家の搾取こそ利潤の源泉であることを見抜いた一九世紀のカール・マルクス、失業は市場で解決できるとはせず、政府が責任をもつべきと主張した二〇世紀のジョン・メイナード・ケインズらが近代の偉大なブレーキ役でした。

さらにさかのぼって、経済学がまだない時代であっても、ダンテは「強欲」は人の道から外れると批判し、シェイクスピアは『リア王』で、分配の重要性を理解しない時の国王の圧政を批判しました。そういう意味では、資本主義というものは誰かブレーキ役がいないとうまく機能せず、その強欲さゆえに資本主義は自己破壊を起こしてしまうものなのです。

マルクスのブレーキは、一九世紀半ばからソビエト連邦解体までは効き目がありました。そのうえ、一九二九年に世界が大恐慌に直面すると、ケインズ主義が暴走する資本主義のブレーキとなり、一九七二年ぐらいまではもちこたえることができました。しかしオイル・ショックが起き、スタグフレーションになって、ケインズ政策の有効性が疑われるようになると、一転してブレーキ役たるケインズが停滞の犯人のように考えられるようになってしまった。

代わって、あらゆるブレーキを外そうと主張したのがミルトン・フリードマンやフリードリヒ・ハイエクが旗振り役となった新自由主義です。二一世紀のグローバル資本主義は、その延長上にありますから、いわばブレーキなき資本主義と化しているのです。

▼「長期停滞論」では見えない資本主義の危機

そして、リーマン・ショックを経て、ようやく新自由主義が唱導するようなブレーキなき資本主義に警鐘を鳴らす声が聞こえるようになってきたのは周知の通りです。

しかし、リーマン・ショックというこれほどまでに大きな資本主義の危機を経ても、金融緩和をおこない、インフレに向かう期待をもたせれば、経済は好転するというリフレ理論が、経済政策の主導者たちの間では優勢でした。「株価が上がった」という事実だけを取り上げて、アメリカの量的緩和、日本の異次元緩和は成功していると唱える人々です。

けれども、彼らの認識は誤りです。サマーズ元財務長官ですら、二〇一三年の国際通貨基金（ＩＭＦ）の年次調査会議の席で、先進国が貯蓄過剰のもと、需要不足の「長期停滞」に陥っていると述べたことが、経済紙などで大きく取り上げられました。

けれども、ここで重要なのは、サマーズの認識すらも甘い、ということです。サマーズの「需要不足」が原因だとの診断にしたがえば、新自由主義も金融緩和も危機脱出の突破口を見出せなくなった現在、もうひとつの処方箋《しょほうせん》として提出されるべきは「ケインズに帰れ」となります。つまり積極財政によって国内で需要を創出すれば、経済はもち直すだろうというわけです。

実際、このような処方箋を提出する論者も少なからずいるようです。しかし、私はケインズ的な「大きな政府」もグローバル資本主義のもとでは、焼け石に水程度の効果しかないだろうと考えています。

ケインズ流の大きな政府が成立するのは、資本が国境を越えず、一国のなかでマネーの動きを制御できる時代においてであり、そこではケインズ政策は一定の効果がありました。

しかし、国境を越えて資本が自己増殖していくグローバル資本主義のもとでは、ある国家の内側での需要創出を狙うケインズ政策も、付け焼き刃の処方箋にしかなりえません。

そして、もっとも重大なケインズ政策の欠陥は、「ゼロ金利、ゼロ成長、ゼロインフレ」という二一世紀のこの時代に、経済成長を目的としている点です。「過剰」がいたるところで顕在化した二一世紀において、成長を目的とする時点でケインズ流の「大きな政府」はあらかじめ失敗を運命づけられているのです。

私たちはそろそろ、資本主義が生き延びるという前提で説かれる「長期停滞論」にも決別しなければならない時期に差し掛かっています。資本の自己増殖と利潤の極大化を求めるために「周辺」を必要とする資本主義は、暴走するか否か、停滞が長期か短期かにかかわらず、いずれ必ず終焉を迎えます。その理由はすでに説明したように、現代はもう「周辺」が残されていないからです。

おそらく「アフリカのグローバリゼーション」という言葉がささやかれるようになった時点で、資本主義が地球上を覆い尽くす日が遠くないことが明らかになってきました。

資本主義が地球を覆い尽くすということは、地球上のどの場所においても、もはや投資に対してリターンが見込めなくなることを意味します。すなわち地球上が現在の日本のように、ゼロ金利、ゼロ成長、ゼロインフレになるということです。

このような状態では、そもそも資本の自己増殖や利潤の極大化といった概念が無効になりますから、近代資本主義が成立する余地はありません。そして、成長を求めれば求めるほど、資本主義の本来もつ矛盾が露呈し、システム転換にともなうダメージや犠牲も大きくなります。

▼「無限」を前提に成り立つ近代

資本主義のもつ固有の矛盾とは、資本主義の定義自体にあります。資本主義は資本の自己増殖のプロセスであると定義するのですから、「目標地点」あるいは「ゴール」を決めていないということです。一三世紀の「地中海世界」で始まった合資会社による資本主義や一七世紀初めに始まったオランダ東インド会社による資本主義の時代にあっては、「ゴール」を設定する必要はありませんでした。資本家からみた「地球」は「無限」だったからです。

たとえば、中世「地中海世界」から近代のオランダやイギリスへと覇権が移っていったことを、シュミットは「陸の時代」から「海の時代」への変化だと指摘し、さらに、それを「空間革命」と評しました。

また、ポーランド出身のニコラウス・コペルニクスが偉大なのは、もちろん天動説に異を唱えて地動説を唱えたことにあるのですが、それだけではありません。歴史学者のアルフレッド・W・クロスビーによれば、彼の偉大さは「宇宙の容積は、伝統的な宇宙のそれより少なくとも四〇万倍大きい」（『数量化革命』）と結論づけたことにあるのです。

一六世紀の当時、ローマ教会が中心の「地中海世界」にあって「周辺」の出身であるコペルニクスの考えをいち早く取り入れたのが、「中心」であるイタリア生まれのジョルダーノ・ブルーノです。ブルーノは「宇宙は均質で、無限で、無数の世界が存在する」と主張し、「無限という概念を生理的に忌避するすべての人々を憤慨させ」(同)、最後は火あぶりの刑に処せられました。

一六世紀のヨーロッパ人は、それまでの中世の人とは世界観がまったく異なっていて、近代人の眼の前に突如「無限」の空間が現れたのです。「無限」だからこそ、「過剰」を「過剰」だとは思わないのが、近代の特徴なのです。

近代社会を経済的側面からみれば資本主義社会であり、政治的側面からみれば民主主義社会です。実は、民主主義も「過剰」をつくり出すシステムです。「民主主義は『大量』の物質を必要とするのである。現在の『一部』を将来は『万人』に拡大するという夢の上に科学技術と民主主義は共存している」(佐藤文隆『科学と人間』)のです。

こうした希望が幻想だとわからせたのが、二〇世紀末から世界を席巻するグローバル資本主義です。日本で『蟹工船』ブームが起き、先進国で貧困問題が深刻化しました。また、九・一五(リーマン・ショック)や三・一一(東京電力福島第一原発事故)で金融工学や原子力工学が果たして人々を豊かにするかどうか、疑念が生じました。

▼未来からの収奪

「地理的・物的空間」が消滅してもなお「過剰」を追い求めれば、新しい「空間」をつくることが必要になります。それが「電子・金融空間」だったのです。前者の空間は北（先進国）と南（後進国）の間に見えない壁がありました。グローバル資本主義はいったんその壁を取り払って、新たに壁を作り直すためのイデオロギーなのです。

新しい空間が「電子・金融空間」となれば、この空間に参入できる人はある程度の所得をもっていなければなりません。

「努力した者が報われる」と宣言して、報われなかった者は努力が足りなかったのだと納得させることで、先進国内に見えない壁をつくり、下層の人たちから上層部の人たちへ富の移転を図ったのです。収奪の対象は、アメリカであればサブプライム層と呼ばれた人たちですし、ＥＵであれば、ギリシャなど南欧諸国の人たちです。日本の場合は非正規社員です。

さらに言えば、「電子・金融空間」で収奪するというこの状況下で、我々が成長を追い求めるためにおこなっている経済政策・経済活動は、「未来からの収奪」となっている可能性が大きいのです。

ケインズ主義者が唱える財政出動も、公共事業にかつてのような乗数効果が見込めない現在にあっては、財政赤字を増加させると同時に、将来の需要を過剰に先取りしている点で、未来からの収奪にほかなりません。

金融の世界でも同じです。一九九〇年代末に世界的な流れとなった時価会計とは、時価の数字がそのまま決算に反映されるシステムなので、「将来、これぐらいの利益を稼ぎ出すだろう」という投資家の期待を織り込んで資産価格が形成されていきます。そのとき、マーケットというのは、その将来価値を過大に織り込むことで、利益を極大化しようとしますから、結果的には、将来の人々が享受すべき利益を先取りしていることになります。

現時点で織り込んだ期待値が将来のある時点で達成されると、そのある時点でさらにその先を織り込むことになります。常に「前進」あるのみで、時価会計には後退は存在しないのです。これも空間が「無限」であることでしか成立しえないのです。

しかも「電子・金融空間」で時価に対してマーケットが過剰に反応すればするほど、バブルのリスクは高まります。時価会計は将来の人々の利益を先取りするのみならず、バブルが起きれば、弾けたときに巨額の債務が残るのですから、巨額の税負担の増加という損失をも先送りする結果になってしまうのです。

経済成長が依存している地球環境という点でも同じことがいえます。人類は数億年前に堆積した化石燃料を一八世紀後半の産業革命以降、わずか二世紀で消費し尽くそうとしています。惑星科学者の松井孝典は著書『地球システムの崩壊』のなかで次のように述べています。

「もし我々が、これまでと同様の発想で右肩上がりの豊かさを求めて人間圏を営むとすれば、人間圏の存続時間は一〇〇年ほどだろうと考えられる」

「蒐集」に駆動されて、拡大・成長を追い求めれば、同時代のみならず未来世代からも収奪せざるをえないのです。

もはや拡大・成長の余地はないのに、むりやり拡大させれば、風船が弾けるように、収縮が起きるのは当然です。

九・一五のリーマン・ショックは、金融工学によってまやかしの「周辺」をつくり出し、信用力の低い人々の未来を奪いました。リスクの高い新技術によって低価格の資源を生み出そうとした原子力発電も、三・一一で、福島の人々の未来を奪っただけでなく、数万年後の未来にまで放射能という災厄を残してしまいました。

資本主義は、未来世代が受け取るべき利益もエネルギーもことごとく食いつぶし、巨大な債務とともに、エネルギー危機や環境危機という人類の存続を脅かす負債も残そうとしているのです。

▼バブル多発時代と資本主義の退化

このように、地球上から「周辺」が消失し、未来からも収奪しているという事態の意味を我々はもっと深く受け止めるべきです。経済の「長期停滞」といった次元ではなく、ヨーロッパの理念、近代の理念であった「蒐集」の終焉が近づいているのです。

したがって、資本主義の終焉とは、近代の終わりであると同時に、西欧史の終わりであると言っても過言ではありません。英米の資本帝国であれ、独仏の領土帝国であれ、全世界の七〇億人が資本主義のプレーヤーになった時点が、帝国の死を意味するのです。

そうすると、私たちが取り組むべき最大の問題は、資本主義をどのようにして終わらせるかということになります。すなわち、現状のごとくむきだしの資本主義を放置した末のハード・ランディングに身を委ねるのか、あるいはそこに一定のブレーキをかけてソフト・ランディングを目指すのか。

むきだしの資本主義の先に待ち受けているものを考えてみましょう。

おそらくそれは、リーマン・ショックを凌駕する巨大なバブルの生成と崩壊です。すでに資本主義は、永続型資本主義からバブル清算型資本主義へと変質しています。

本来、資本主義が効率よく実行されているかどうかは資本の利潤率（国債利回りにリスク・プレミアムを加算したもの）で測るものですが、ゼロ金利となった現在、どの実物資産に投資していいのかまったく指針がありません。というよりも、どの実物資産に投資しても、リターンは見込めないのです。代わって株価が資本主義の効率性を測る尺度として登場し、その主戦場は「電子・金融空間」となりました。その結果、サマーズ元財務長官の指摘の通り「三年に一度バブルが起きる」ようになったわけです。

しかし、バブルは必ず弾けるので、その時点で投資はいったん清算されます。一七世紀初頭に誕生した永続資本（株式会社）を原則とする資本主義は二〇世紀末に終焉を迎え、一度限りのバブル清算型の資本主義へと大きく退化したのです。

永続型資本主義の始まりはオランダ東インド会社であり、それ以前の地中海世界における資本主義は一事業ごとに利益を清算する合資会社による資本主義でした。当時、貨幣経済が徐々に地中海世界に浸透し、資本主義の萌芽は見られましたが、資本主義経済が社会全般に浸透するには至っていなかったので、一度限りの事業清算型の資本主義で十分こと足りていました。

一三～一五世紀の地中海世界の事業清算型資本主義は失敗すれば、その責任は資本家のものでした。ところが、二一世紀のバブル清算型資本主義になると、利益は少数の資本家に還元される一方で、公的資金の注入などの救済による費用は税負担というかたちで広く国民に及びます。資本家のモラルという点では、二一世紀のバブル清算型資本主義は事業清算型資本主義と比べて明らかに後退しているのです。人類は「進歩する」という近代の理念も疑ってみる必要があります。

▼ハード・ランディング・シナリオ——中国バブル崩壊が世界を揺るがす

日本の土地バブル、アジア通貨危機、アメリカのネット・バブル、住宅バブル、そしてユーロのバブル……、おそらくそれに続く巨大なバブルは、中国の過剰バブルになるでしょう。リーマン・ショック後、政府の主導で大型景気対策として四兆元もの設備投資をおこなったことによって、中国の生産過剰が明らかになりつつあります。

その代表例が粗鋼生産能力です。二〇一三年の中国の粗鋼生産量は七・八億tだったのですが、中国の生産能力は一〇億tあります。二二％ほど生産能力が過剰です。「世界の工場」と言われる中国ですが、輸出先の欧米の消費は縮小しています。この先、一九九〇年代から二〇〇〇年代前半までのような消費を見込むことは不可能です。アジアの中でも中国は、日本、韓国、ＡＳＥＡＮ諸国と領土問題を抱え、関係は悪化するばかりですから、対アジアの輸出も今後は翳《かげ》りを見せることでしょう。かといって、中間層による消費がか細い中国では、内需主導に転換することもできません。いずれこの過剰な設備投資は回収不能となり、やがてバブルが崩壊します。

中国でバブルが崩壊した場合、海外資本、国内資本いずれも海外に逃避していきます。そこで中国は外貨準備として保有しているアメリカ国債を売る。中国の外貨準備高は世界一ですから、その中国がアメリカ国債を手放すならば、ドルの終焉をも招く可能性すらあると言えるでしょう。

▼デフレ化する世界

この中国バブルの崩壊後、新興国も現在の先進国同様、低成長、低金利の経済に変化していきます。つまり世界全体のデフレが深刻化、永続化していくということです。

なぜバブルが崩壊すると、デフレが悪化するのでしょうか。マネー過剰の経済では、バブルが発生して膨れ上がってゆく局面で設備投資や雇用が増加し、それが崩壊すると一気に需要が減り設備過剰となって、工場の稼働率が下がります。新興国において、資産バブルの反動としての資産デフレが発生した場合、それをきっかけに工業部門でも設備過剰が明らかになり、工業の原料である鉱物資源も、価格が下落する可能性が高いからです。

新興国で起きるバブルは欧米で起きた資産バブルでなく、日本型の過剰設備バブルです。

日本のバブルは国内の過剰貯蓄で生じたのですが、国際資本の完全移動性が実現した二一世紀においては、先進国が量的緩和で生みだす過剰マネーが、新興国に日米欧がなし得なかったスピードでの近代化を可能にさせているのです。

過剰設備バブルは、資本市場で決まる株価がその崩壊時において急落するのとは異なり、崩壊には時間がかかります。この崩壊の段階に至って、資本主義はいよいよ歴史の舞台から姿を消していくことになるでしょう。全世界規模で、ゼロ金利、ゼロ成長、ゼロインフレが実現して、いやがおうにも定常状態に入らざるをえなくなります。

もちろん中国バブル崩壊が人々の生活に与える影響は甚大です。その規模はリーマン・ショックを超えるでしょうから、日本においても相当な数の企業が倒産するでしょうし、賃金も劇的に下がるでしょう。

バブルが弾け、経済が冷え込めば、国家債務は膨れ上がりますから、財政破綻に追い込まれる国も出てくるに違いありません。日本はその筆頭候補です。

これまでの歴史では、国家債務が危機に瀕すると、国家は戦争とインフレで帳消しにしようとしました。つまり力ずくで「周辺」をつくろうとしてきたわけです。

しかし現代の戦争は、核兵器の使用まで想定されますから、国家間の大規模戦争というカードを切ることはおそらくないと思います。けれども、国内では、行き場を失った労働者の抵抗が高まり、内乱の様相を呈するかもしれない。資本家対労働者の暴力的な闘争、そして資本主義の終焉というマルクスの予言にも似た状況が生まれるのではないでしょうか。

資本主義の暴走に歯止めをかけなければ、このような長期の世界恐慌の状態を経て、世界経済は定常状態へと推移していくことになります。

悲観的な予測になってしまうかもしれませんが、いまだに各国が成長教にとらわれている様子を見ると、この最悪のシナリオを選択してしまう可能性を否定しきれません。

▼ソフト・ランディングへの道を求めて

今述べたような資本主義のハード・ランディングではなく、資本主義の暴走にブレーキをかけながらソフト・ランディングをする道はあるでしょうか。

現在の国家と資本の関係を考えると、資本主義にとって国家は足手まといのような存在になっています。容易に国境を越えられなかった時代には、資本主義は国家を利用し、国家も資本主義を利用していました。しかし、資本が国境を容易に越えるときに、国家は足枷《あしかせ》にしかなりません。

にもかかわらず、バブルが崩壊すると、国家は資本の後始末をさせられる。資産価格の上昇で巨額の富を得た企業や人間が、バブルが弾けると公的資金で救われます。その公的資金は税という形で国民にしわ寄せが行きますから、今や資本が主人で、国家が使用人のような関係です。

グローバル資本主義の暴走にブレーキをかけるとしたら、それは世界国家のようなものを想定せざるをえません。金融機関をはじめとした企業があまりにも巨大であるのに対して、現在の国民国家はあまりにも無力です。

ＥＵは、国家の規模を大きくしてグローバル資本主義に対抗しようとしましたが、欧州危機で振り回されているということは、まだサイズが小さいのかもしれません。

世界国家、世界政府というものが想定しにくい以上、少なくともＧ20が連帯して、巨大企業に対抗する必要があります。具体的には法人税の引き下げ競争に歯止めをかけたり、国際的な金融取引に課税するトービン税のような仕組みを導入したりする。そこで徴収した税金は、食糧危機や環境危機が起きている地域に還元することで、国境を越えた分配機能をもたせるようにするのがよいと思います。

G20で世界GDPの八六・八%を占めますから、G20で合意ができれば、巨大企業に対抗することも可能です。

マルクスの『共産党宣言』とは真逆に、現在は万国の資本家だけが団結して、国家も労働者も団結できずにいる状態です。労働者が連帯するのは現実的に難しい以上、国家が団結しなければ、資本主義にブレーキをかけることはできません。

▼「定常状態」とはどのような社会か

いまだ資本主義の次なるシステムが見えていない以上、このように資本の暴走を食い止めながら、資本主義のソフト・ランディングを模索することが、現状では最優先されなければなりません。逆説的な言い方になるかもしれませんが、資本主義にできる限りブレーキをかけて延命させることで、ポスト近代に備える準備を整える時間を確保することができるのです。

資本主義の先にあるシステムを明確に描く力は今の私にはありません。しかし、その大きな手がかりとして、現代の我々が直面している「定常状態」についてここで考えていきましょう。

「定常状態」とはゼロ成長社会と同義です。そしてゼロ成長社会というのは、人類の歴史のうえでは、珍しい状態ではありません。図15のように、一人あたりのGDPがゼロ成長を脱したのは一六世紀以降のことです。この後の人類史でゼロ成長が永続化する可能性は否定できません。

経済的にもう少し詳しくみていくと、ゼロ成長というのは、純投資がない、ということになります。純投資とは、設備投資の際に、純粋に新規資金の調達でおこなわれる投資のことですから、設備投資全体から減価償却費を差し引いたものになります。

この純投資がないわけですから、図式的に言えば、減価償却の範囲内だけの投資しか起きません。家計でいうならば、自動車一台の状態から増やさずに、乗りつぶした時点で買い替えるということです。

図15　人類史と1人あたりのGDP

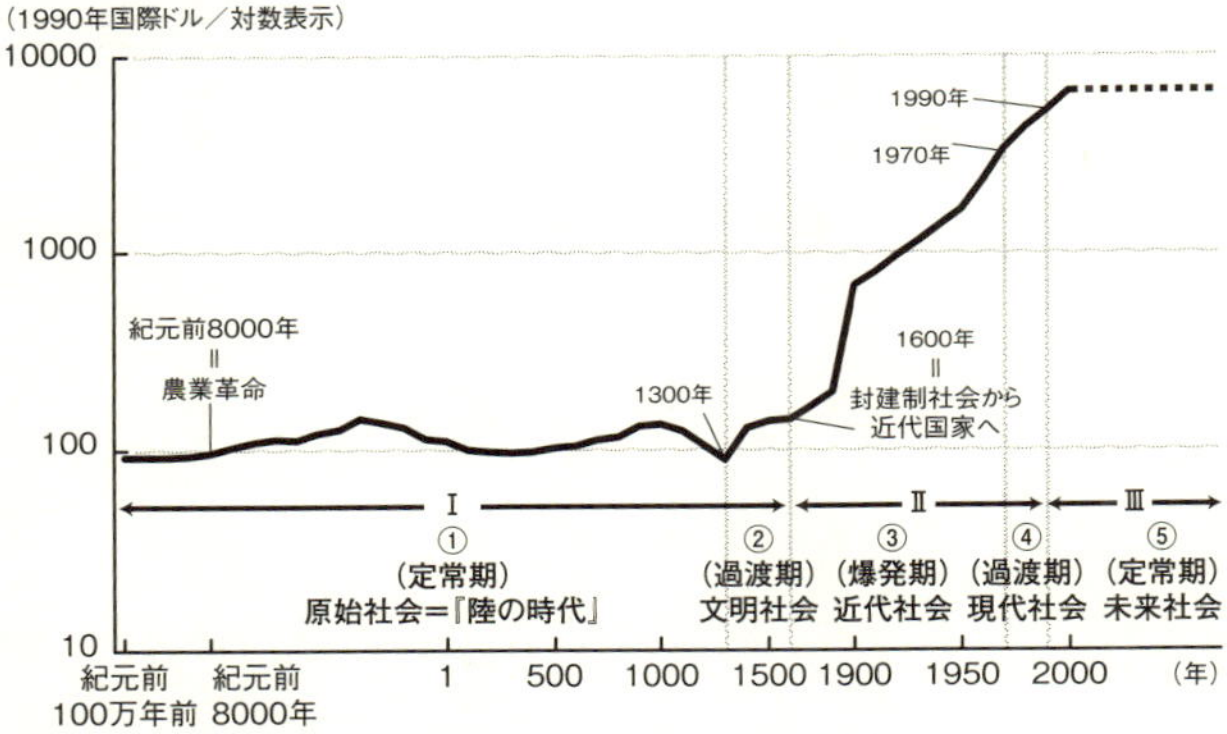

（注）Ⅰ～Ⅲ、①～⑤の表示は、見田宗介『社会学入門』（p159図8参照）
J. Bradford DeLong“Estimating World GDP, One Million B.C.-Present”をもとに作成

したがって、買い替えだけが基本的には経済の循環をつくっていくことになります。たとえば内需で売れる自動車が三〇〇万台で、翌年は三二〇万台、その次は二八〇万台というふうに多少の増減で推移しても、少子高齢化で人口減少していますから、台数のピークはどんどん小さくなります。

そこで人口が九〇〇〇万人程度で横ばいになれば、定常状態になります。つまり、買い換えサイクルだけで生産と消費が循環していき、多少の増減はあっても均《なら》せば一定の台数で推移していくということです。

ただ、一五世紀までの中世は、一〇年、二〇年単位で均してみれば定常であっても、一年単位でみれば一〇%成長した後、翌年にはマイナス一〇%というような非常にアップダウンの激しい経済でした。二一世紀の「定常」は中世とは異なって、毎年の変動率が小さいという点でずっと望ましいと思います。もちろん、金融政策や財政政策で余計なことをしないという前提のうえでのことですが。

▼日本が定常状態を維持するための条件

この定常状態の維持を実現できるアドバンテージをもっているのが、世界でもっとも早くゼロ金利、ゼロ成長、ゼロインフレに突入した日本です。

現在の日本は、定常状態の必要条件は満たしている状態として考えることができますが、ゼロ金利だけでは十分ではありません。国が巨額の債務を抱えていては、ゼロ成長下においては税負担だけが高まることになりますから、基礎的財政収支(プライマリー・バランス)を均衡させておく必要があるのです。

日本は現在、ストックとして一〇〇〇兆円の借金があり、フローでは毎年四〇兆円の財政赤字をつくっています。GDPに対する債務残高が二倍を超えるほどの赤字国家であるのに、なぜ破綻しないのか。そのカラクリは次のようなものです。

まずフローの資金繰りに関して言えば、現在の金融機関はマネー・ストックとしてある八〇〇兆円の預金が年三％、約二四兆円ずつ増えています。その多くは年金です。年金が消費に向かわず、預金として銀行に流れているわけです。さらに企業は、本来資金不足（＝金融資産増減－金融負債増減）セクターなのですが、一九九九年以降恒常的に資金余剰の状態が定着しており、二〇一三年第3四半期時点で一年間の資金余剰は二三・三兆円にも達しています。家計部門と企業部門を合わせた資金余剰は四八・〇兆円（二〇一三年第3四半期時点での一年間の累計）、対GDP比で一〇・一％と高水準を維持しています。これが、銀行や生保などの金融機関を通して、国債の購入費に充てることのできる金額で、毎年四〇兆円発行される国債が消化できているというわけです。

一方、ストックの一〇〇〇兆円の借金については、民間の実物資産や個人の金融資産がそれを大きく上回っているため、市場からの信頼を失わずに済んでいます。

しかし、こうした辻褄合わせがいつまでも続くわけがありません。

年三％で増えている銀行のマネー・ストックが純減したとき、現在同様に毎年四〇兆～

五〇兆円の財政赤字を重ねていれば、いずれ国内の資金だけでは、国債の消化ができなくなります。

日銀の試算では、二〇一七年には預金の増加が終わると予測されていて、そうなると外国人に国債を買ってもらわなければならなくなります。しかし、外国人は他国の国債金利と比較しますから、金利の動きも不安定化します。現実的には金利は上昇するでしょう。金利が上昇すれば利払いが膨らみますから、日本の財政はあっという間にクラッシュしてしまうのです。

それでは、資本主義からのソフト・ランディングも道半ばで挫折してしまいます。ですから、そうならないために、財政を均衡させなければなりません。

▼国債＝「日本株式会社」の会員権

すると、現在の一〇〇〇兆円の借金はどうすればいいでしょうか。

私は、日本の借金一〇〇〇兆円は債券ではなく、「日本株式会社」の会員権への出資だと考えたほうがいいと思います。

国民は銀行や生命保険会社にお金を預け、そのお金が結局、国債購入に使われる。生保も銀行も国民のお金で国債を買っているわけです。だから国民の預金は、間接的に国債を購入していることと同じ意味を持っています。

その国債がゼロ金利であるということは、配当がないということです。配当はないけれども、日本のなかで豊かな生活サービスを享受できる。その出資金が一〇〇〇兆円なんだと発想を転換したほうがいい。

そう考えたうえで、借り換えを続けて一〇〇〇兆円で固定したままにしておくことが重要です。現在は、歳出九〇兆円に対して、四〇~五〇兆円の税収しかありませんから、放っておけば、一〇〇〇兆円の借金が一一〇〇兆、一二〇〇兆円とどんどん膨らんでいきます。そうなってしまったら、先ほど言ったように、日本だけでは国債を消化できず、外国人に買ってもらわなければならない。でも外国人にとっては日本国債は会員権ではなく、金融商品にすぎませんから、ゼロ金利では承知してもらえず、金利は上がることになります。それでは財政破綻を免れることはできません。

今は増え続けている預金も、先ほど述べたように、二〇一七年あたりを境に減少に転じることが予想されています。おそらく今後は、団塊世代が貯蓄を取り崩したり、相続した子供世代が貯蓄にお金を回さないことで、減少圧力は少しずつ強まっていきます。そう考えると、残された時間はあと三、四年しかありません。その間に、基礎的財政収支を均衡させることが日本の喫緊の課題なのです。

財政均衡を実現するうえで、増税はやむをえません。消費税も最終的には二〇%近くの税率にせざるをえないでしょう。しかし、問題は法人税や金融資産課税を増税して、持てる者により負担をしてもらうべきなのに、逆累進性の強い消費税の増税ばかり議論されているところです。

法人税に至っては、財界は下げろの一点張りで、新自由主義者は実はリバタリアンかあるいは無政府主義者なのかと皮肉りたくもなります。法人税を下げたところで、利益は資本家が独占してしまい、賃金には反映されないのですから、国家の財政を健全にして、分配の機能を強めていくことのほうが多くの人々に益をもたらすはずです。

▼エネルギー問題という難問

定常状態を実現するためのもうひとつの難問は、エネルギー問題です。新興国が成長するほど、世界はエネルギー多消費型の経済に傾いていきますから、資源価格は釣り上がっていきます。

仮に二年連続で売上が一〇〇であっても、前年の資源価格が五〇で、翌年の資源価格が七〇だとすると、名目GDPは定常にならず、減っていってしまうのです。

そうすると、定常状態を実現するためには、第一に、人口減少を九〇〇〇万人あたりで横ばいにすること、第二には、安いエネルギーを国内でつくって、原油価格の影響を受けないことが重要になります。一kWhあたり、原油だと二十数円（二〇一二年）、太陽光だと三八円（二〇一三年）ですから、それを国内で二〇円以下でつくることができれば、名目GDPの減少は止まるはずです。

「財政の健全化は景気の足を引っ張る」などというようなこの一年、二年の次元の問題ではなく、次の新しいシステムに移行するときに、まずはクリアーしておくべき条件なのです。これをクリアーしないことには、新しい時代を迎える資格がありません。

▼ゼロ成長維持ですら困難な時代

第三章でも述べましたが、多くの人は、ゼロ成長というと非常に後ろ向きで、何もしないことのように考えがちなのですが、それは大きな誤解です。

一〇〇〇兆円の借金も高騰する資源価格も、それを放置したままではマイナス成長になってしまいます。マイナス成長社会は、最終的には貧困社会にしかなりません。ゼロ成長の維持には、成長の誘惑を断って借金を均衡させ、さらに人口問題、エネルギー問題、格差問題など、さまざまな問題に対処していくには、旧態依然の金融緩和や積極財政に比べて、高度な構想力が必要とされます。

新自由主義やリフレ論者たちは、せっかくゼロ金利、ゼロ成長、ゼロインフレという定常状態を迎える資格が整っているというのに、今なお近代資本主義にしがみついており、それが結果として多大な犠牲とともに資本主義の死亡を早めてしまうことに気づかない。何度も繰り返すように、成長至上主義から脱却しない限り、日本の沈没は避けることができないのです。

図16　金融資産非保有世帯比率

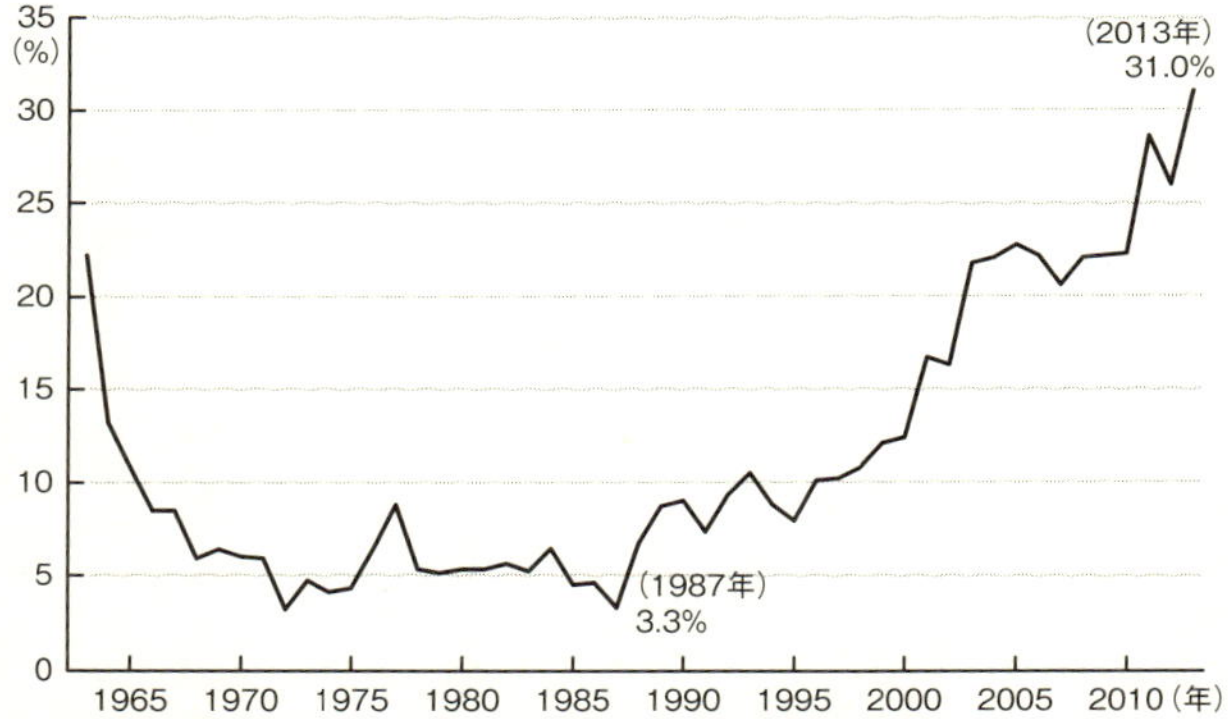

(注)調査対象は全国8000世帯(世帯主が20歳以上でかつ世帯員が2名以上の世帯)
金融広報中央委員会「家計の金融行動に関する世論調査」をもとに作成

▼アドバンテージを無効にする日本の現状

定常状態への大きなアドバンテージがあるにもかかわらず、成長主義にとらわれた政策を続けてしまったために、日本国内もグローバル資本主義の猛威にさらされ続けています。

たとえば第三章で、金融資産を保有していない二人以上の世帯の割合が二〇一三年に三一・〇%にのぼることを伝えました。これは、一九六三年の調査以来、もっとも高い数値です。

図16を見るとおわかりのように、八七年の時点では金融資産ゼロ世帯は三・三%です。一九七二年から一九八七年にかけての一六年

間の平均は五・一%です。つまり、この時期は、金融ゼロ世帯は、二〇世帯のなかの一世帯だけです。ところがバブルが崩壊し、新自由主義的な政策が取られていく過程で、三・三%から三一%へと跳ね上がったわけです。この三一%の世帯はおそらく家ももっていないでしょうから、無産階級といえます。

日本の利子率は世界でもっとも低く、史上に例を見ないほど長期にわたって超低金利の時代が続いています。利子率がもっとも低いということは、資本がもっとも過剰にあることと同義です。もはや投資をしても、それに見合うだけのリターンを得ることができないという意味では、資本主義の成熟した姿が現在の日本だと考えることもできます。しかし、その日本で、およそ三割強の世帯が金融資産をまったくもたずにいるという状況が現出しているのです。

アベノミクスの浮かれ声とは裏腹に、今なお生活保護世帯や低所得者層も増加傾向のままです。二〇一三年の非正規雇用者数は一九〇六万人、二〇一二年の年収二〇〇万円以下の給与所得者数は一〇九〇万人、生活保護受給者数も二〇〇万を超えています。

こうした格差拡大の処方箋としては、まず生活保護受給者は働く場所がないわけですから、労働時間の規制を強化して、ワークシェアリングの方向に舵を切らなければなりません。

二〇一二年の年間総実労働時間は、一般労働者（フルタイム労働者）では、二〇三〇時間となっており、これはOECD加盟国のなかでも上位に入る長時間労働です。サービス残業を含めれば、実際はもっと働いています。ここにメスを入れて、過剰労働、超過勤務をなくすように規制を強化すれば、単純にその減少分だけでも相当数の雇用が確保されるはずです。

年収二〇〇万円世帯の多くは非正規労働者でしょう。彼らは正社員と違って、ボーナスも福利厚生も社会保険もない場合がほとんどです。正社員と比較して、二重にも三重にも不安定な境遇に置かれています。私自身は、非正規という雇用形態に否定的です。なぜなら、二一世紀の資本と労働の力関係は圧倒的に前者が優位にあって、こうした状況をそのままにして働く人の多様なニーズに応えるというのは幻想といわざるを得ないからです。結局、労働規制の緩和は資本家の利益のための規制緩和にすぎないのです。

したがって、労働規制を強化して、原則的に正社員としての雇用を義務づけるべきだと考えます。

▼「長い二一世紀」の次に来るシステム

今、日本について指摘したグローバル資本主義の負の影響が、程度の差こそあれ、先進国のいずれにおいても見られることは、すでに本書を通じて繰り返し指摘してきました。いや、先進国のみならず、新興国においては先進国以上のスピードで格差が拡大していくはずです。

そこで危機に瀕するのは、単に経済的な生活水準だけではありません。グローバル資本主義は、社会の基盤である民主主義をも破壊しようとしています。

グローバル資本主義を、単なる経済的事象と捉えていては、事の本質を見誤ることを、本書では繰り返して述べてきました。

市民革命以後、資本主義と民主主義が両輪となって主権国家システムを発展させてきました。民主主義の経済的な意味とは、適切な労働分配率を維持するということです。しかし第二章でも説明したように、一九九九年以降、企業の利益と所得とは分離していきます。

政府はそれを食い止めるどころか、新自由主義的な政策を推し進めることで、中産階級の没落を加速させていきました。その結果、ライシュが言うように、「超資本主義の勝利は間接的に、そして無意識のうちに、民主主義の衰退を招」（『暴走する資本主義』）くことになってしまったわけです。

同様に、国家が資本の使用人になってしまっている状況は、国民国家の存在意義にも疑問符を突きつけています。詰まるところ、一八世紀から築き上げてきた市民社会、民主主義、国民主権という理念までもが、グローバル資本主義に蹂躙《じゅうりん》されているのです。そして当の資本主義そのものも、無理な延命策によってむしろ崩壊スピードを速めてしまっているありさまです。

かつて政治・経済・社会体制がこぞって危機に瀕したのが「長い一六世紀」（一四五〇年〜一六四〇年）でした。第一章で説明したように、ジェノヴァの「利子率革命」は、中世の荘園制・封建制社会から近代資本主義・主権国家へとシステムを一変させました。そして、「長い一六世紀」の資本主義勃興の過程は、中世の「帝国」システム解体と近代国民国家の創設のプロセスでもありました。このプロセスを通じて、中世社会の飽和状態を打ち破る新たなシステムとして、近代の資本主義と国民国家が登場したのです。

この「長い一六世紀」になぞらえて、一九七〇年代から今に続く時期を、私は「長い二一世紀」と呼んでいます。どちらの時代も、超低金利のもとで投資機会が失われていく時代ですが、「長い一六世紀」はそれを契機として、政治・経済・社会体制が大転換を遂げました。だとするならば「長い二一世紀」においても、近代資本主義・主権国家システムはいずれ別のシステムへと転換せざるをえません。

しかし、それがどのようなものかを人類はいまだ見出せていません。そうである以上、資本主義とも主権国家ともしばらくの間はつきあっていかなければなりません。

資本主義の凶暴性に比べれば、市民社会や国民主権、民主主義といった理念は、軽々と手放すにはもったいないものです。実際、今すぐに革命や戦争を起こして市民社会を倒すべきだと主張する人はほとんどいないはずです。もちろん民主主義の空洞化は進んでいます。しかし、その機能不全を引き起こしているものが資本主義だとすれば、現在取りうる選択肢は、グローバル資本主義にブレーキをかけることしかありません。

ゼロ金利、ゼロ成長、ゼロインフレ。この三点が定常状態への必要条件であると言いました。しかし、成長教信者はこの三点を一刻も早く脱却すべきものと捉えます。そこで金融緩和や積極財政が実施されますが、日本の過去が実証しているように、お金をジャブジャブと流し込んでも、三点の趨勢は変わらないのです。

ゼロ金利は、財政を均衡させ、資本主義を飼い慣らすサインであるのに、それと逆行してインフレ目標や成長戦略に猛進するのは、薬物中毒のごとく自らの体を蝕《むしば》んでいくだけです。

▼情報の独占への異議申し立て

「長い一六世紀」と「長い二一世紀」にはもうひとつの大きな類似点があります。政治や経済、社会システムが不調なときには、誰が情報を握るのかという争いが起きるのです。

第四章で簡単に触れましたが、中世の地中海世界における特権階級はラテン語を読み書きできる人々であり、主に教会に従事する人たちでした。それに対してローマから見て「周辺」の地であるドイツ、オランダ、そしてフランスの人々は、財産権も行政権も司法権もない状況でした。そこでプロテスタント側が、俺たちに財産権や司法権、裁判権をよこせと、いわば独立運動を起こしたのです。

「長い一六世紀」の資本主義最大の産業は出版業界であり、出版業界は当初、ラテン語陣営に属していましたが、ラテン語の聖書はすでに飽和状態でした。つまり、特権階級はみんなラテン語の聖書は持っていた。そこで出版業界がプロテスタント陣営について、ルターの教えを大量に印刷してヨーロッパ中にそれを売ったために、ドイツ語や英語はラテン語に勝ったわけです。したがって「長い一六世紀」の宗教改革は、ドイツ語、フランス語、英語で話す人たちが、ラテン語を使う特権階級の人たちから情報を奪い取る情報戦争として位置づけることができます。その結果、情報は中世社会に比べてはるかに広範囲に、早く伝わって、市場を通じた支配の礎となりました。

ここで重要なのは、「情報革命」と「利子率革命」が同時進行するのは必然であるということです。つまり、ある空間の政治・経済・社会体制が安定しているときは、情報を独占している人間に対する反旗を翻すことはないのですが、それが不安定化して、富の偏在があらわになると、同時に情報は誰のものかが問い直されるのです。

「長い一六世紀」では、地中海の中心に富が集中していたので、「周辺」であるドイツから反抗の狼煙《のろし》が上がったわけです。

一方、現代も、歴史の危機を告げ知らせるかのように、情報の主導権をめぐる争いが起きています。それを象徴するのがスノーデン事件です。

英米の資本帝国で、一%対九九%という富の偏在が明らかになった今、政治・経済・社会体制に対して人々の大きな不安が渦巻いています。アメリカなどの情報収集活動について内部告発したスノーデンはいわば、その不安の象徴的人物といえるでしょう。

そういう意味では、スノーデンの投げかけた問題というのは、ルターの投げかけた問題とほとんど同じだろうと思います。

ルターは、一六世紀当時のローマ・カトリック教会の教皇が贖宥状《しょくゆうじょう》（罪の償いを軽減する証明書）を販売したのに対して、贖宥状を買うだけで神の罰が解消されるはずはない、と批判しました。つまり「周辺」からローマ・カトリック教会の情報操作を批判した。同様に、スノーデンも国家の情報管理の秘密を暴きました。このスノーデン事件は、特権者のカラクリの存在を明らかにした点で、まさにルターに通じているわけです。

しかしルターが、聖書をドイツ語に翻訳し、一％の特権階級が独占していた情報を九九％の一般の人々に開放することで、国民国家という次なるシステムへの端緒を切り開いたのに対して、スノーデンひとりによる内部告発からはまだ新たなシステムの誕生の予兆は感じられません。それはおそらく、「長い二一世紀」がまだ混迷が続き、新たなシステムの萌芽が見えるまでに時間がかかることを意味しています。

▼脱成長という成長

第四章で述べたように、私は、一二～一三世紀に、過剰な金利すなわちリスク性資本が誕生したところに資本主義の原型があったと考えています。資本の自己増殖ということを考えると、利子率こそが資本主義の中核にあるものだからです。

もちろん当時は、現在の資本主義の主役である株式会社は存在しません。しかし、合資会社はすでに存在しています。ひとつの事業が終了すると、そこで利益を出資者に配分して、会社を解散する。いわば一回限りの資本主義といえるでしょう。

それが「長い一六世紀」になると、「空間革命」が起きて、利潤を得る場が一気に世界へと広がっていきました。そこで資本家も事業を広範囲にかつ持続的におこなって利潤を増やしていくようになったわけです。この時期から東インド会社をはじめとしたゴーイング・コンサーン（継続企業）が台頭し、永続型の資本主義へと転換していったと考えることができます。

そしてまた、再び資本主義が「バブル清算型」という永続性なき資本主義へ先祖返りしていることはすでに話しました。

これは偶然ではなく、すでに「周辺」が存在しない世界では、永続的な資本主義は不可能なのです。

誕生時から過剰利潤を求めた資本主義は、欠陥のある仕組みだったとそろそろ認めるほうがいいのではないでしょうか。これまで、ダンテやシェイクスピア、あるいはアダム・スミス、マルクス、ケインズといった偉大な思想家たちがその欠陥を是正しようと命がけでたたかってきたから、資本主義は八世紀にわたって支持され、先進国に限れば豊かな社会を築いてきたのです。

この欠陥のある資本主義に対して、近代経済学は、供給曲線と需要曲線とが均衡するところが価格だと定義づけしました。しかしそれはあくまで資源を一バレル二～三ドルで買ってつくった製品であれば、国内市場では需要と供給が一致するという大いなる仮定にもとづいた話です。つまり資本主義という仕組みの外部に、資源国という「周辺」があってこそ成立する議論でしかありません。

もはや地球上に「周辺」はなく、無理やり「周辺」を求めれば、中産階級を没落させ、民主主義の土壌を腐敗させることにしかならない資本主義は、静かに終末期に入ってもらうべきでしょう。

ゼロインフレであるということは、今必要でないものは、値上がりがないのだから購入する必要がないということです。消費するかどうかの決定は消費者にあります。ミヒャエル・エンデが言うように豊かさを「必要な物が必要なときに、必要な場所で手に入る」と定義すれば、ゼロ金利・ゼロインフレの社会である日本は、いち早く定常状態を実現することで、この豊かさを手に入れることができるのです。

そのためには「より速く、より遠くへ、より合理的に」という近代資本主義を駆動させてきた理念もまた逆回転させ、「よりゆっくり、より近くへ、より曖昧《あいまい》に」と転じなければばなりません。

その先にどのようなシステムをつくるべきなのかは、私自身にもわかりません。定常状態のイメージこそ語ったものの、それを支える政治体制や思想、文化の明確な姿は、二一世紀のホッブズやデカルトを待たなければならないのでしょう。

しかし、「歴史の危機」である現在を、どのように生きるかによって、危機がもたらす犠牲は大きく異なってきます。私たちは今まさに「脱成長という成長」を本気で考えなければならない時期を迎えているのです。

おわりに――豊かさを取り戻すために

日本の一〇年国債利回りが一九九七年に二％を下回ってから二〇年近い月日が経とうとしています。一九九七年といえば、北海道拓殖銀行や山一證券が破綻し、日本の金融システムが大きく揺らぎはじめた年です。ちょうどその頃、私は証券会社のエコノミストとして、マクロ経済の調査に明け暮れていました。当初は景気の低迷によって、一時的に利回りが落ち込んだのではないかと考えていましたが、その後も一向に二％を超えない。ITバブルで景気が回復しても、戦後最長の景気拡大を経験しても、国債の利回りだけは二％を超えない。

一体なぜ、超低金利がこれほど長く続くのか。その謎を考え続けていた時、歴史の中に日本と同じように超低金利の時代があることに気づきました。それが「長い一六世紀」のイタリア・ジェノヴァで起きた「利子率革命」です。

「長い一六世紀」に起きた「利子率革命」は、中世封建制の終焉と近代の幕開けを告げる兆候でした。だとすれば、日本で続く超低金利は、近代資本主義の終焉のサインなのではないか。

そんな仮説を携えて、「長い一六世紀」と現代とを比較してみると、単なる偶然では片付けられない相似性が次々と見つかり、現代は「長い一六世紀」と同様の「歴史の危機」にあることを意識するようになっていきました。

以来、私は、利子率の推移に着目して、世界経済史を見つめ続けてきましたが、その結果、資本主義の起源もまた、ローマ教会が上限三三％の利子率を容認した一二一五年あたりに求められることに思い至りました。ここで重要なのは、不確実なものに貸付をするときも利息をつけてよい、と認められたことです。つまり、リスク性資本の誕生です。これが資本主義誕生の大きな契機となったのです。そして、資本は自己増殖を続け、「長い一六世紀」を経て、資本主義は発展してきました。

かのマックス・ウェーバーは『プロテスタンティズムの倫理と資本主義の精神』において、資本主義の倫理をプロテスタントの「禁欲」主義に求めています。しかし、「禁欲」

した結果として蓄積された資本を、再投資によって新たな資本を生み出すために使うのが資本主義です。もっと言えば、余剰を蕩尽《とうじん》しないこと＝「禁欲」は、資本を再投資するためにこそ必要とされたのでしょう。「禁欲」と「強欲」はコインの裏表なのです。

しかし、いくら資本を再投資しようとも、利潤をあげるフロンティアが消滅すれば、資本の増殖はストップします。そのサインが利子率ゼロということです。利子率がゼロに近づいたということは、資本の自己増殖が臨界点に達していること、すなわち資本主義が終焉期に入っていることを意味しています。

この「歴史の危機」を直視して、資本主義からのソフト・ランディングを求めるのか、それとも「強欲」資本主義をさらに純化させて成長にしがみつくのか。

後者の先にあるのは、破局的なバブル崩壊というハード・ランディングであるにもかかわらず、先進諸国はいまなお成長の病に取り憑《と》かれてしまっています。資本の自己増殖が難しくなって以来、国境の内側や未来世代からの収奪まで起きるようになりました。

その代償は、遠くない将来、経済危機のみならず、国民国家の危機、民主主義の危機、地球持続可能性の危機という形で顕在化してくるでしょう。

それまでに日本は、新しいシステム、定常化社会への準備を始めなければなりません。私がイメージする定常化社会、ゼロ成長社会は、貧困化社会とは異なります。拡大再生産のために「禁欲」し、余剰をストックし続けることに固執しない社会です。資本の蓄積と増殖のための「強欲」な資本主義を手放すことによって、人々の豊かさを取り戻すプロセスでもあります。

日本がどのような資本主義の終焉を迎え、「歴史の危機」を乗り越えるのかは、私たちの選択にかかっているのです。

*

本書のタイトルは、演出家の鈴木忠志さんの演劇「世界の果てからこんにちは」(初演一九九一年)からヒントを得ています。富山県利賀村(南砺市)の野外劇場で盛大におこなわれる「世界の果てからこんにちは」を繰り返し鑑賞しているうちに、あるとき鈴木忠志さんの深刻な問いかけがこめられていることに気づきました。

この劇では「歴史を終わらせろ」「日本はお亡くなりになりました」といったセリフがあります。その言葉から、この作品のテーマと資本主義の終焉とが結びつくと確信するようになりました。そして私なりに鈴木さんの言葉を「蒐集の西欧史を終わらせろ」「近代日本の死」と読み替えることにしたのです。

おそらく資本主義を前提につくられた近代経済学の住人からすれば、私は「変人」にしか見えないことでしょう。しかし、「変人」には資本主義終焉を告げる鐘の音がはっきりと聞こえています。

水野和夫

二〇一四年三月

参考文献

はじめに

ヤーコプ・ブルクハルト、新井靖一訳『世界史的考察』ちくま学芸文庫、二〇〇九年
Michael W. Doyle, *Empires*, Cornell University Press, 1986

第一章

フェルナン・ブローデル、浜名優美訳『地中海』I〜V、藤原書店、二〇〇四年
カール・シュミット、新田邦夫訳『大地のノモス―ヨーロッパ公法という国際法における』慈学社出版、二〇〇七年
カール・シュミット、生松敬三・前野光弘訳『陸と海と―世界史的一考察』福村出版、一九七一年
カール・シュミット、長尾龍一編『カール・シュミット著作集I』慈学社出版、二〇〇七年
ウルリッヒ・ベック、島村賢一訳『ユーロ消滅?―ドイツ化するヨーロッパへの警告』岩波書店、二〇一三年
松宮秀治『新装版　ミュージアムの思想』白水社、二〇〇九年
Sidney Homer, Richard Sylla, *A History of Interest Rates*, Wiley, 2005
Martin Feldstein, Charles Horioka, "Domestic Saving and International Capital Flows", *The Economic Journal*, Vol.90, Issue358, pp.314-329, 1980

第二章
B・R・ミッチェル編、犬井正監訳『イギリス歴史統計』原書房、一九九五年
B・R・ミッチェル編、中村宏監訳『マクミラン世界歴史統計1』原書房、一九八三年
竹岡敬温『近代フランス物価史序説―価格革命の研究』創文社、一九七四年
ペリ・アンダーソン、青山吉信・尚樹啓太郎・高橋秀訳『古代から封建へ』刀水書房、一九八四年
イマニュエル・ウォーラーステイン、川北稔訳『近代世界システムⅢ―「資本主義的世界経済」の再拡大 1730s-1840s』名古屋大学出版会、二〇一三年
エリック・ホブズボーム、河合秀和訳『20世紀の歴史―極端な時代』上・下、三省堂、一九九六年
ロバート・B・ライシュ、雨宮寛・今井章子訳『暴走する資本主義』東洋経済新報社、二〇〇八年
スーザン・ソンタグ、富山太佳夫訳『火山に恋して―ロマンス』みすず書房、二〇〇一年
ジョヴァンニ・アリギ、土佐弘之監訳『長い20世紀―資本、権力、そして現代の系譜』作品社、二〇〇九年

第三章
高橋伸彰『ケインズはこう言った―迷走日本を古典で斬る』NHK出版新書、二〇一二年
ジャン・ドリュモー、桐村泰次訳『ルネサンス文明』論創社、二〇一二年
ヨハン・ホイジンガ、堀越孝一訳『中世の秋Ⅰ』中公クラシックス、二〇〇一年
イマニュエル・ウォーラーステイン、川北稔訳『近代世界システムⅣ―中道自由主義の勝利 1789-1914』名古屋大学出版会、二〇一三年

Angus Maddison, *The World Economy: Historical Statistics*, OECD Publishing,2003

第四章

ヘドリー・ブル、臼杵英一訳『国際社会論―アナーキカル・ソサイエティ』岩波書店、二〇〇〇年
ジョン・エルスナー、ロジャー・カーディナル編著、高山宏・富島美子・浜口稔訳『蒐集』研究社出版、一九九八年
オスヴァルト・シュペングラー、村松正俊訳『西洋の没落』1・2、五月書房、二〇〇七年
クシシトフ・ポミアン、松村剛訳『増補　ヨーロッパとは何か―分裂と統合の1500年』平凡社、二〇〇二年
リュシアン・フェーヴル、長谷川輝夫訳『〝ヨーロッパ〟とは何か?―第二次大戦直後の連続講義から』刀水書房、二〇〇八年
ジャック・アタリ、山内昶訳『所有の歴史―本義にも転義にも』法政大学出版局、一九九四年
ベネディクト・アンダーソン、白石さや・白石隆訳『増補　想像の共同体―ナショナリズムの起源と流行』NTT出版、一九九七年

第五章

アダム・スミス、水田洋訳『道徳感情論』上・下、岩波文庫、二〇〇三年
見田宗介『社会学入門―人間と社会の未来』岩波新書、二〇〇六年
アルフレッド・W・クロスビー、小沢千重子訳『数量化革命―ヨーロッパ覇権をもたらした世界観の誕生』紀伊國屋書店、二〇〇三年

佐藤文隆『科学と人間―科学が社会にできること』青土社、二〇一三年
松井孝典『地球システムの崩壊』新潮選書、二〇〇七年
水野和夫『100年デフレ―21世紀はバブル多発型物価下落の時代』日本経済新聞社、二〇〇三年
水野和夫『人々はなぜグローバル経済の本質を見誤るのか』日本経済新聞出版社、二〇〇七年
水野和夫、萱野稔人『超マクロ展望 世界経済の真実』集英社新書、二〇一〇年
水野和夫『終わりなき危機―君はグローバリゼーションの真実を見たか』日本経済新聞出版社、二〇一一年
水野和夫『世界経済の大潮流―経済学の常識をくつがえす資本主義の大転換』太田出版、二〇一二年
水野和夫、大澤真幸『資本主義という謎―「成長なき時代」をどう生きるか』NHK出版新書、二〇一三年

水野和夫（みずの かずお）

一九五三年、愛知県生まれ。日本大学国際関係学部教授。埼玉大学大学院経済科学研究科博士課程修了。博士（経済学）。三菱UFJモルガン・スタンレー証券チーフエコノミストを経て、内閣府大臣官房審議官（経済財政分析担当）、内閣官房内閣審議官（国家戦略室）を歴任。主な著作に『人々はなぜグローバル経済の本質を見誤るのか』（日本経済新聞出版社）、『超マクロ展望 世界経済の真実』（萱野稔人氏との共著・集英社新書）など。

資本《しほん》主義《しゅぎ》の終焉《しゅうえん》と歴史《れきし》の危機《きき》

集英社新書〇七三二A

二〇一四年三月一九日 第一刷発行
二〇二四年一一月六日 第二〇刷発行

著者……水野《みずの》和夫《かずお》

発行者……樋口尚也

発行所……株式会社集英社

東京都千代田区一ツ橋二-五-一〇 郵便番号一〇一-八〇五〇

電話 〇三-三二三〇-六三九一（編集部）
〇三-三二三〇-六〇八〇（読者係）
〇三-三二三〇-六三九三（販売部）書店専用

装幀……原 研哉

印刷所……大日本印刷株式会社 TOPPAN株式会社

製本所……加藤製本株式会社

定価はカバーに表示してあります。

ISBN 978-4-08-720732-3 C0233

Printed in Japan

a pilot of wisdom

a pilot of wisdom

人新世の「資本論」　斎藤幸平
国対委員長　辻元清美
アフリカ　人類の未来を握る大陸　別府正一郎
〈全条項分析〉日米地位協定の真実　松竹伸幸
日本再生のための「プランB」　兪　炳匡
新世界秩序と日本の未来　内田　樹／姜　尚中
世界大麻経済戦争　矢部　武
中国共産党帝国とウイグル　橋爪大三郎／中田　考
安倍晋三と菅直人　尾中香尚里
ジャーナリズムの役割は空気を壊すこと　森　達也／望月衣塑子
代表制民主主義はなぜ失敗したのか　藤井達夫
会社ではネガティブな人を活かしなさい　友原章典
自衛隊海外派遣　隠された「戦地」の現実　布施祐仁
北朝鮮　拉致問題　極秘文書から見える真実　有田芳生
アフガニスタンの教訓　挑戦される国際秩序　山本忠通／内藤正典
原発再稼働　葬られた過酷事故の教訓　日野行介
北朝鮮とイラン　福原裕二／吉村慎太郎

歴史から学ぶ　相続の考え方　神山敏夫
非戦の安全保障論　柳澤協二／伊勢﨑賢治／加藤　朗／林　吉永
西山太吉　最後の告白　西山太吉／佐高　信
日本酒外交　酒サムライ外交官、世界を行く　門司健次郎
日本の電機産業はなぜ凋落したのか　桂　幹
ウクライナ侵攻とグローバル・サウス　別府正一郎
日本が滅びる前に　明石モデルがひらく国家の未来　泉　房穂
イスラエル軍元兵士が語る非戦論　ダニー・ネフセタイ
戦争はどうすれば終わるか？　柳澤協二／伊勢﨑賢治／加藤　朗／林　吉永
全身ジャーナリスト　田原総一朗
自壊する欧米　ガザ危機が問うダブルスタンダード　内藤正典／三牧聖子
誰も書かなかった統一教会　有田芳生
自由とセキュリティ　杉田　敦
ハマスの実像　川上泰徳
わが恩師　石井紘基が見破った官僚国家　日本の闇　泉　房穂
行動経済学の真実　川越敏司
石橋湛山を語る　田中秀征／佐高　信

集英社新書　好評既刊

社会——B

- 俺たちはどう生きるか　大竹まこと
- 「他者」の起源 ノーベル賞作家のハーバード連続講演録　トニ・モリスン
- 言い訳 関東芸人はなぜM-1で勝てないのか　ナイツ 塙 宣之
- 自己検証・危険地報道　安田純平 ほか
- 都市は文化《アート》でよみがえる　大林剛郎
- 「言葉」が暴走する時代の処世術　太田 光／山極寿一
- 性風俗シングルマザー　坂爪真吾
- 美意識の値段　山口 桂
- ストライキ2.0 ブラック企業と闘う武器　今野晴貴
- 香港デモ戦記　小川善照
- ことばの危機 大学入試改革・教育政策を問う　東京大学文学部広報委員会・編
- 国家と移民 外国人労働者と日本の未来　鳥井一平
- LGBTとハラスメント　神谷悠一／松岡宗嗣
- 変われ！ 東京 自由で、ゆるくて、閉じない都市　隈 研吾／清野由美
- 東京裏返し 社会学的街歩きガイド　吉見俊哉
- 人に寄り添う防災　片田敏孝

- プロパガンダ戦争 分断される世界とメディア　内藤正典
- イミダス 現代の視点2021　イミダス編集部・編
- 中国法「依法治国」の公法と私法　小口彦太
- 福島が沈黙した日 原発事故と甲状腺被ばく　榊原崇仁
- 女性差別はどう作られてきたか　中村敏子
- 原子力の精神史——〈核〉と日本の現在地　山本昭宏
- ヘイトスピーチと対抗報道　角南圭祐
- 世界の凋落を見つめて クロニクル2011-2020　四方田犬彦
- 「自由」の危機——息苦しさの正体　藤原辰史／内田 樹 ほか
- 「非モテ」からはじめる男性学　西井 開
- 妊娠・出産をめぐるスピリチュアリティ　橋迫瑞穂
- マジョリティ男性にとってまっとうさとは何か　杉田俊介
- 書物と貨幣の五千年史　永田 希
- インド残酷物語 世界一たくましい民　池亀 彩
- シンプル思考　里崎智也
- 韓国カルチャー 隣人の素顔と現在　伊東順子
- 「それから」の大阪　スズキナオ

a pilot of wisdom

集英社新書　好評既刊

「非モテ」からはじめる男性学
西井 開　1076-B

モテないから苦しいのか？　「非モテ」男性が抱く苦悩を掘り下げ、そこから抜け出す道を探る。

完全解説 ウルトラマン不滅の10大決戦
古谷 敏／やくみつる／佐々木徹　1077-F

『ウルトラマン』の「10大決戦」を徹底鼎談。初めて語られる撮影秘話や舞台裏が次々と明らかに！

原子の力を解放せよ　戦争に翻弄された核物理学者たち
浜野高宏／新田義貴／海南友子　1078-N〈ノンフィクション〉

謎に包まれてきた日本の〝原爆研究〟の真相と、戦争の波に巻き込まれていった核物理学者たちの姿に迫る。

文豪と俳句
岸本尚毅　1079-F

近現代の小説家たちが詠んだ俳句の数々を、芭蕉や虚子などの名句と比較しながら読み解いていく。

妊娠・出産をめぐるスピリチュアリティ
橋迫瑞穂　1080-B

「スピリチュアル市場」は拡大し、女性が抱く不安と結びついている。その危うい関係と構造を解明する。

世界大麻経済戦争
矢部 武　1081-A

「合法大麻」の世界的ビジネス展開「グリーンラッシュ」に乗り遅れた日本はどうすべきかを検証。

マジョリティ男性にとってまっとうさとは何か　#MeTooに加われない男たち
杉田俊介　1082-B

性差による不平等の顕在化と、男性はどう向き合うべきか。新たな可能性を提示する。

書物と貨幣の五千年史
永田 希　1083-B

人間の行動が不可視化された現代を生きるすべを書物や貨幣、思想、文学を読み解くことで考える。

中国共産党帝国とウイグル
橋爪大三郎／中田 考　1084-A

中国共産党はなぜ異民族弾圧や監視を徹底し、台湾・香港支配を目指すのか。異形の帝国の本質を解析する。

ポストコロナの生命哲学
福岡伸一／伊藤亜紗／藤原辰史　1085-C

ロゴス（論理）中心のシステムが破綻した社会で、私たちの生き拠り所となりうる「生命哲学」を問う。